# ブラボー！
# 歌うボヘミアン

## 在日コリアン、ゲイのシャンソン歌手・今里哲の歌物語

今里 哲

Imazato Tetsu

明石書店

# 自由と孤独と放浪と

まえがきにかえて

まさかここまで来るとは思いませんでした。

1987年に岐阜市文化センターで手探りの初コンサートを開いて以来、じつに30年近く、大好きな歌を歌い続けられてきたのが夢のようです。

そのあいだにはたくさんの人びととの出会いがありました。打ち震えるような感動と喜びを分かち合い、ときには衝突をし、しかし奇跡のようなひとつひとつの出会いがあったからこそ、今の「今里哲」があることに深い感謝の念を感じずにはいられません。

私は在日コリアン2世として生まれました。社会の差別にさらされ、青年期には同性愛者としての偏見に苦しみ悩みました。

「自分ってなんなんだろう?」

そんな折れてしまいそうな心を支えてくれたのは歌でした。

歌によって生かされ、歌によって生きてきたひとりのマイノリティ——自由と孤独と放浪を愛する私の歌物語をまとめたのがこの本です。

いま私は自信をもってこう言うことができます。

「人生って素晴らしい!」

本書の刊行を力強く後押ししてくださった大阪市立大学大学院教授・朴一先生、刊行を引き受けてくださった明石書店の森本直樹さんにあらためて感謝申し上げます。

2015年5月

今里 哲

Contents

# 1

# ブルージュの森の中で

神戸・須磨海岸で。15歳ごろ

# 私は旅が大好き。

私は旅によく出ます。とくにヨーロッパは好きな場所です。1993年から2002年まで、名古屋の名鉄観光が「今里哲といくワールドツアー」というパッケージツアーを企画してくれていたこともあって、これまで10か国くらいは行きました。そのツアー以外にも、ひとりで出かけたり、お弟子さんやファンの方たちと出かけたり。旅に出ると、日常から解き放たれて、魂が浄化されるような気がします。私の生きる源といってもいいかもしれません。

この本のためにレコーディングしたCD（本書収録）の1曲目の「ブルージュの森の中で」のブルージュは、ベルギーの郊外にある歴史的な町です。1993年、96年、2002年の3回行きました。ほんとうにきれいな、すてきな町です。

ブルージュのベギン修道院の庭。世界で一番好きな場所。
この景色の中にいるとき、詩と曲が湧いてきた

首都ブリュッセルから電車で約1時間。水の都として知られ、運河に囲まれた街全体が世界遺産に登録されています。中世の街並みがそのまま見事に保存されていて、石畳の道をゆったりと散歩していると、まるで映画のなかに入り込んだような気分になります。

なかでも印象に残っているのはベギン修道院。女性たちの自立を支援するために800年前に建てられたもので、木々に囲まれた施設のなかで、女性たちが共同生活を送っていたそうです。

この森のなかで過ごした時間はほんとうに贅沢なひとときでした。

ゆったりと流れる時間。木立を吹き抜ける風。風に揺れて囁く葉。きらめく木漏れ日。

ああ、なんてすてきなところなんだろう……。思わず目をとじて深呼吸しました。

すると、なぜか、私の頭のなかに浮かんだのは、兄たちから言われた言葉でした。

「おかまなんて、帰ってくるな!」

ステージでカミングアウトした私が同性愛者であることを知った兄たちが、70歳で亡くなった父の法事の席で私に言い放った言葉です。歌手デビューして3年目くらいのまさに1990年頃です。

なんてひどい! 私も兄も同じ在日コリアン、同じマイノリティ。なのに、なぜ同性愛者だという理由で、そんなことを言うのだろう!

まさか、そんなことを言われるとは思ってもみませんでした。息をのみこみ、一瞬ことばがでてきませんでした。それでなくても、私が岐阜大生のとき、猪《い》飼野《かいの》というふるさとの家を勝手に売り払った嫌いな兄だったので、なんとか力を振り絞り、私は言いかえしました。

「それは差別やわ！　もう頼まれたって二度と帰らんわ！」

そう啖呵を切って、兄の家をあとにしました。

そのあと、どんなふうに大阪から岐阜のアパートに戻ってきたのか、よく覚えていません。それだけ興奮していたのだと思います。その後もしばらくは、兄の言葉を何度も心の中で反芻し、やり場のない怒りと悲しみに身を震わせていました。

けれども、人間というのはいつまでもそんな怒りを抱え戦闘モードでいると、身が持たないものです。防御反応というのでしょうか、時間が経過するにつれ、あんなしょうもない兄などいないものと思えばいい、金輪際かかわるまいと考えるようになりました。

それなのに、まさかこの美しい森で、心の奥底に沈ませたはずの兄の言葉を思い出すとは考えもしませんでした。人間の記憶とは不思議なものです。

運河の町・ブルージュのベルフォールの塔をバックに

そのとたん、急になんともいえない、さみしい気持ちになりました。このときの感情を歌にしたのが、「ブルージュの森の中で」なのです。

同じマイノリティであるはずの身内から差別された悲しみ、寄る辺のない不安、でも私にはシャンソンがある、シャンソン歌手として生きていく……。そんな気持ちを歌にしたのです。恋に破れた女（男）の歌、と思った方には意外な裏話だったかもしれませんね。

## たとえ貧しくとも

私は、1951年に在日コリアン2世として、大阪市生野区猪飼野で7人兄弟の末っ子として生まれました。父も母も韓国・済州島出身の在日コリアン1世。父・鄭熙玉は1907年生まれ、母・呉平尹は1908年生まれ。1925年、父18歳、母17歳のときに同じ船に乗り、済州島から大阪にやってきました。

その当時、韓国は日本の植民地下にあり、土地を奪われた多くの朝鮮人労働者が生活の糧を求めて日本に渡航しました。父母が乗ってきた船は済州島と大阪を結ぶ「定期航路君が代丸」。済州島からは毎年1万5000人から2万人もの韓国人が日本にやってきたそうです。

苦しく厳しい戦争をくぐりぬけ、戦後まもなく、父は運よく靴の製造販売会社、朝城物産を創立。ひと財産築きましたが、放蕩な生活がたたり、私が7歳のときに会社を潰してしまいました。そのときのことを私はよく覚えていないのですが、差し押さえの人がやってきたとき、母が私を強く抱きしめてくれていたことは記憶に残っています。私はものものしい雰囲気に驚き、泣きじゃくっていました。

お手伝いさんに囲まれた夢のような生活から一転、狭い長屋暮らしが始まりました。

ひとまわり以上離れていた兄たちは住み込みで働き、姉も中学をやめて女工になりました。私も小学校1年生の8歳から新聞配達をして家計を助けました。

そんなふうに子どもたちが働いているというのに、一度栄華を極めた父が立ち直ることはありませんでした。一日だけ、工事現場で肉体労働をしただけで、あとはいっさい働かなくなりました。

それでも、父は在日同胞の人々の中心であり、相談相手でした。何よりも日本語をしゃべるだけでなく、読み書きができたこと——これが常に在日同胞の信頼を得る源だったのでしょう。63歳のときには故郷から郷校訓長の位を授与されました。

一方の母は「チョーセン」そのものでした。済州島では海女さんとして働いていたそうです。素朴でキムチの匂いのする母でした。94歳で亡くなりましたが、母にとって父は「最愛、最高」だったようです。あれほどの苦労をさせられたというのに、夫婦ってわからないものだなあ、と思います。

さて、長屋暮らしが始まり、新聞配達を始めた私ですが、はじめはとても苦痛でした。幼いころから甘やかされて育ったものだから、肩に食い込む新聞の重みに慣れるのに3カ月もかかったのです。

そんなとき、私を助けてくれたのが1歳上のヒロオでした。ヒロオはいちばん上の兄の子どもでした。つまり私にとっては甥っ子だったのですが、あると

大阪市生野区猪飼野の在日コリアン2世たちのお正月。
真ん中の私を抱いているのがヒロオ

きまでずっと兄だと思って長屋にいっしょに暮らしていました。ヒロオには姉と妹がいたのですが、その子どもたちも私は姉や妹だと思っていたのです。

ヒロオの父親、つまり私の兄は25歳のときに亡くなりました。残された子ども3人を育てるはずの母親は別の男と結婚して、ヒロオたちを長屋に残していったそうです。私の父と母が、ヒロオたちの父と母がわりとなり、私もきょうだいのように育ちました。

ヒロオはとてもやさしい「兄」でした。新聞があまりに重くて、半分泣きべそをかきながら配達している私に付き添い、「泣いたらあかんぞ！」と言いながら手伝ってくれました。ヒロオは私よりも前に新聞配達を始めていて、慣れていたのです。とはいえ、ふたりともまだ小学生。ちいさな男の子です。いまは小学生に新聞配達させるなど言語道断でしょうが、あのころはほんとに貧しくて、子どもも働かなければならなかった。そんな時代でした。

## こいつにはかなわない

ヒロオのことでもうひとつよく覚えていることがあります。

長屋のそばに、勝山公園という公園があり、そのなかに小さな広場があって、子どもたちはそこでよく野球をしていました。まだ子どもがたくさんいた時代で、その広場をねらって、あちこちから子どもたちのグループがやってきたので、場所をとるのに一苦労でした。

私の住んでいる地域は在日コリアンがたくさん住んでいるところで、遊ぶのもやはり在日コリアンのなかま。野球をするために場所とりに出かけるのは、ヒロオと私の役目でした。

ある日、いつものように場所とりをしながらなかまを待っていると、本物のバットをもった高校生たちがやってきて、「出ていけ！」とすごみました。本物、とわざわざ形容したのは、私たちが野球で使っているバットは新聞紙をまるめて棒状にしただけのものだったからです。お金がないから、バットもボールも新聞紙でつくるしかなく、それでもすごく楽しかったのですが、ともかくその本物のバットをみて、私は震え上がりました。

「ヒロオ、もう帰ろう……」

消え入りそうな声で私が言うと、なんとヒロオが立ち上がり、「いやや！」と言ったのです。

それからヒロオはボコボコにされました。よく死ななかったと思います。私は情けないことにずっと、そのそばで泣いていました。不思議と高校生たちは私には手出しをしませんでした。

あのときの高校生の殺気立った顔を今でも鮮明に覚えています。殴るだけ殴って気が済んだのでしょうか、高校生は帰っていきました。

ヒロオはとにかく殺されずにすんだ。高校生たちも手かげんをしたのかもしれません。だって相手は小学生ですから。それでも、彼の顔ははれ上がり、唇の端からは血がにじんでいました。

どうやって家に帰ったのか、何を話したのか、よく覚えていません。とにかく私たちは母の待つ家に戻りました。

母はとても驚いたようすでしたけれど、あわてることも怒ることもなく、ヒロオの傷の手当てをしました。それが終わると、私たちにお金をわたし、これでお好み焼きでも食べておいで、と言ってくれたのです。私たちは近所の駄菓子屋にお好み焼きを食べに行きました。ヒロオはけろっとして、お好み焼きをむしゃむしゃと食べていました。そんなヒロオをみて、こいつにはかなわない、そう思ったことだけはよく覚えています。

## 勉強して大企業に入るぞ！

そんな泣き虫の私でしたが、新聞配達のおかげで身体は丈夫になるし精神力もついていきました。

自分でいうのもおこがましいけれども、私はよく勉強したし、そのおかげで小学校から高校までトップクラスでした。

新聞配達をしている、ということは授業料を自分のお金で払っているものだから、勉強しなければ損、みたいに思っていたことがひとつ。そして、在日コリアンだから、人一倍がんばらなければならない、という気持ちもありました。

そう思うようになったのは世の中がわかってきた高校生くらいからでした。つまり、在日コリアンであるというだけで差別されるという理不尽な現実があることを知ったのです。

「お前は韓国人だから勉強せんと大会社には入れんぞ」

兄たちにはよくそんなふうに言われていました。ひと回り以上歳の差がある兄たちは、住み込みで働いて苦労をさんざん味わっていたのだと思います。だからこそ、私にそう言ったのでしょう。

そうだ、がんばらなきゃいけない。私はそう自分に言い聞かせていました。

どうすれば大会社に入れるだろうか。考えたすえに決めた進学先は大阪府立成城工業高校でした。高校に入ってからもよく勉強したおかげで、いつも全校で1番の成績で、常に学級委員長でした。

けれど、就職活動の時期になっても、在日コリアンであるというだけで私の就職先はなかなかみつかりませんでした。応募することさえかなわず、ようやく横浜にあるコンピュータの会社の試験を受けることができたのですが、あえなく不採用。その理由はやはり在日コリアンだったからです。幼い頃、母と歩いているとき、「チョーセン」と近所の子どもたちになじられたことを私は思い出しました。がんばってもやっぱりだめやないか……。やけを起こしそうな気分でした。

ところが、その会社をもう一度受けることができたのです。進路指導の有本勝男先生が何度も横浜におもむき、彼は幹部候補になる、と説得してくれたようでした。そのおかげで再受験、そしてめでたく採用となり、私は横浜へと向かいました。

大会社に就職できたことを一番喜んでくれたのは父でした。1970年の春、古びたタキシードに身を包んだ父は大阪駅で人目もはばからず万歳三唱し、私

上：左から姉、父、私　下：母

を見送ってくれました。あのときは照れくさいやら、恥ずかしいやら、誇らしいやら……。まだ人生はこれからだというのに、なにか一つのことを成し遂げたような心持ちでした。それほどこの就職は私にとっても、家族にとっても大きな出来事だったのです。

そういえばちょっと自慢になりますが、高校を卒業するとき、２つの賞をもらったことも父母を喜ばせました。

１つは毎日新聞少年賞。新聞を配るのが早くて正確、というのが受賞理由。藤山寛美さんという喜劇の大役者さんから賞状を直接もらったときはほんとうにうれしかった。というのは、母は藤山寛美さんの大ファンだったからです。

もう１つは成績優秀者に贈られる教育委員会賞。成城工業高校をトップの成績で卒業したことが表彰されました。今の私を見て、高校時代にそんなに勉強ができただなんてだれも思わないかもしれませんけれど、私はきわめて真面目な学生だったのです。

＊　＊　＊

## ブルージュの森の中で

作詞・作曲：今里哲

ブルージュの　森の中で
歌い踊る　あなたと私
それは夢　旅の夢

風がそよぐ　暮らしの中
優しかった　あの人達
それはもう　冷たい風

唯《ただ》ひとり　舞台の上で
愛を歌う　私はピエロ
それはシャンソン　私の心

浅い眠り　夢の中で
私は叫ぶ　君よ逝《ゆ》くな
それはもう　はかない祈り

遠い異国の　旅の空で
星になりたい　詩人のように
だけど続く　はるかな旅

ブルージュの　森の中で
歌い踊る　あなたと私
それは夢　旅の夢
それは夢　旅の夢
それは夢　旅の……夢……

# 2

# 初恋のニコラ

神戸・異人館で。34歳、シャンソン歌手としてデビューしようと決めた頃

# もしかして恋？

「初恋のニコラ」は、フランスの歌手、シルヴィー・バルタンが歌ってヒットした曲です。日本では天地真理さんがアルバムに収録しています。

私はそれとはまったく違う、自分の訳詞で歌っています。舞台は横浜。そして、登場する初恋の人ニコラは、私が初めて深く愛した男の名前です（もちろん、仮の名前です）。

私がもしかしたら自分は同性愛者かもしれない、と思い始めたのは高校時代。成績が良かった私は、中間テストや期末テストが近づくと、級友たちから「これ教えてくれ、あれ教えてくれ」と頼まれました。その中の一人にタカシという男がいました。タカシの顔を見るだけで私はドキドキしていました。

タカシに試験勉強を教える喜びのために、私はますます勉強しました。家族が心配するぐらい、狭い台所の隅で猛勉強……。タカシは私の「友情」に感謝して、ハイキングに連れていってくれたり、麻雀を教えてくれたり、時にはタバコを吸わせてくれたりしました。タカシがすすめるならタバコを吸うことさえ平気な私でした。

でもいったいどうして？　この疑問が私自身に問いかけます。

ひょっとしたらこれは恋なんだろうか？　私はすぐにその想いを打ち消しました。だって男が男に恋するなんて、ありえないじゃないか！

でも、それはやはり恋だったのです。恋としかいいようがなかったのです。

そのころから私は、自分が同性愛者かもしれない、と思うようになりました。

でもあの当時は、とにかく大会社に入るためにがんばる、親の期待にこたえる、そんな気持ちが勝り、淡い恋心はいつのまにか消えていきました。

はっきりと同性愛者であることを自覚したのは、横浜のコンピュータ会社に就職してからでした。

## 同性愛の苦悩

「私のニコラ」と初めて出会ったのは、昼休みの会社の食堂でした。なんてすてきな男なんだろう！　いまでいう、イケメンです。一目ぼれでした。

そして偶然にも研修の帰りのバスのなかで再びニコラを見かけ、思い切って声をかけると、同じ寮にいることがわかったのです。

私たちが住んでいたのは横浜市戸塚区にあった会社の教育寮「汲沢《ぐみさわ》寮」でした。5階建ての立派な建物で、私の部屋は508号室。1部屋4名で、私は、長崎出身のTくん、北海道出身のHくん、新潟出身のMくんと同室でした。

ニコラとは出会った翌日から行動を共にすることになりました。朝食も夕食も、出社も帰寮も一緒。「おまえたち、仲良すぎるよ」と陰口を言われたりもしました。それでも私たちは日曜日までも一緒に過ごしたのです。

私の心はときめいていました。

高校生のとき、タカシに抱いた恋の感情より一層はっきりと、私はニコラに恋い焦がれていました。そのころはまだ出社しても毎日コンピュータの研修で、いわば修行中の身。けれども、そんなことはどうでもよくなるほど、私の心と想いは、すべてニコラのことでいっぱいになっていました。自分がこんなに情熱的であるとは！　私は自分を知らずに今まで生きてきたのだと思いました。けれども、恋は喜びであるはずなのに、自分の心のなかには罪の意識がひろがっていきました。

私は同性愛なのだろうか？

〈おかま〉〈ホモ〉〈ゲイ〉……そんな言葉におののくようになりました。男が男に恋するなんていけないことだ。そんなふうに自分の想いを抑えようとすればするほど、ニコラへの恋心はつのる一方です。

これが恋なのか！

私は同性愛か？

何のために横浜まで来たのか！

罪の意識はないのか！

父や母の期待を裏切るのか！

夏休み、皆が初めて帰省するなか、私は一人で富士山に登りました。誰にも話せない秘密と罪の意識が私を富士山へと駆り立てたからです。ニコラに恋い焦がれながらも、オモニ（母）とアボジ（父）の年老いた顔を想い出して、宿泊したユースホステルのベッドの中で私は泣きました。

## 思うように生きるとは

苦悩しながらもニコラへの思いを断ち切ることができず、ニコラとの親しい間柄は続きました。

私たちが出逢って10カ月が経とうとする冬の夜、私は酔った勢いで愛を告白しました。ニコラはキョトンとして、すぐに困った顔をしました。それで私もどうしようもなくなって、その居酒屋に彼を残して飛び出しました。

私が酒を浴びるように飲むようになったのは、この頃からでしょうか。自分を否定したい気持ちと、抑制のきかない感情と欲望に私は翻弄されていました。戸塚の街をあてもなく歩き寮に戻ると、ニコラが私の部屋で待っていました。

「どこ行っとんたんや！　心配したやないか」

「ああ、ごめんね」

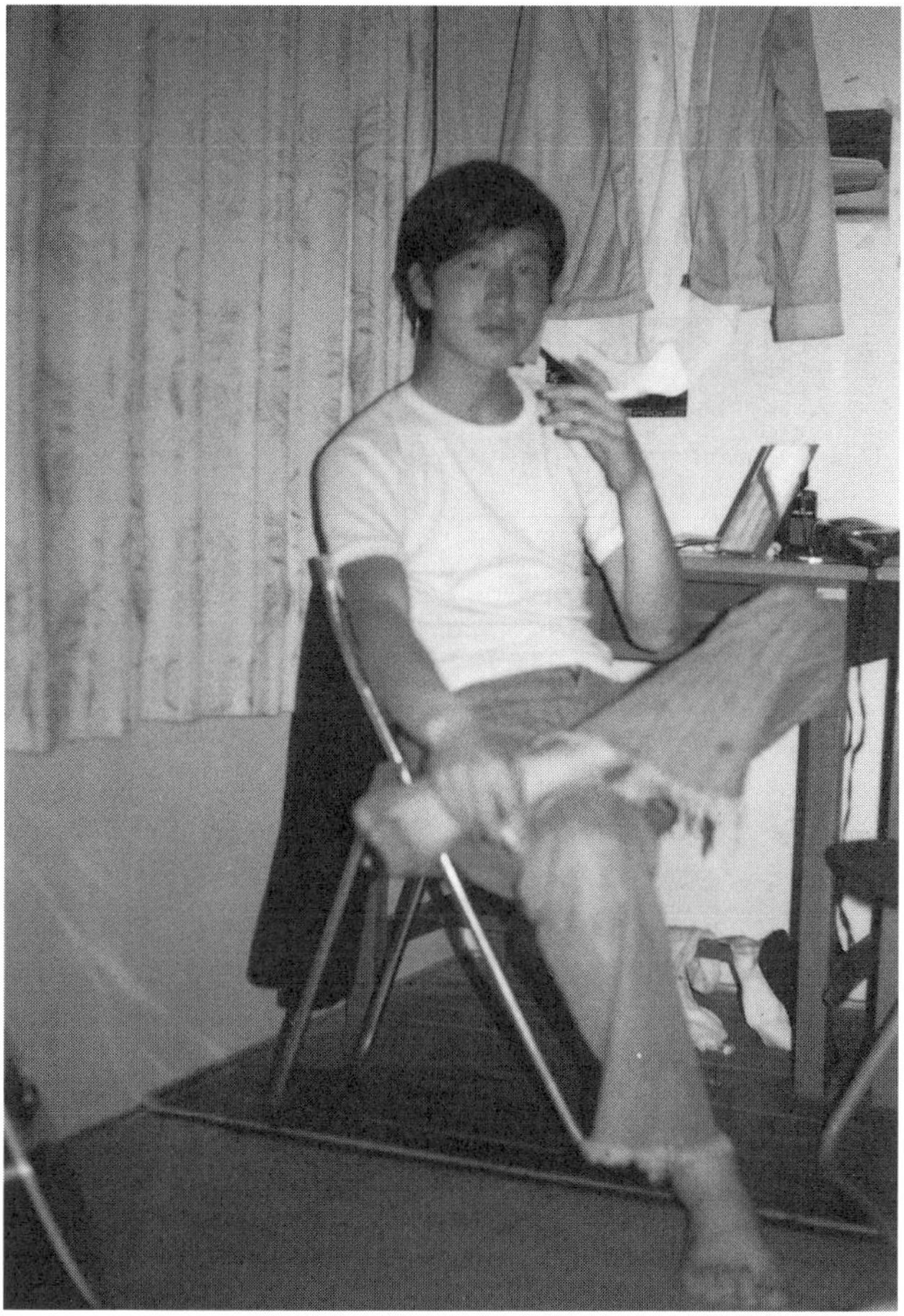

1970年、横浜の会社の汲沢寮508号室で。
タバコを吸いながら苦悩していた

何事もなかったように私たちの「友情」は続きました。

春が来て1年のコンピュータ研修が修了し、それぞれ出張所へ配属されました。

私は横浜の磯子にあるＮＨＫ（日本発条）という会社のエンジニアとして派遣されました。戸塚工場に配属されたニコラに見送られて、私は自分の荷物とともにトラックに乗り込みました。

「お互いがんばろうな！」

ニコラは私の手を握って、そう叫びました。

磯子のアパートに引っ越して私は孤独になりました。愛するニコラもそばにいない、思いもとどかない、仕事も面白くなく、サラリーマンには向いていない……。

そんな気持ちをなぐさめるために、会社帰りに、アパートの目の前にある居酒屋のおばさんを相手に毎晩ビールを飲みました。漫才師の京唄子にそっくりなママさんで、「てっちゃん、お帰り！」と言ってはツケで飲ませてくれました。

「私の息子が生きていたら、ちょうど、てっちゃんの年頃だわ」

おばさんの息子さんはバイクの事故で亡くなったそうで、息子のセーターを私の肩に掛けると、ママは「これ着てね」と言って、エプロンで涙をぬぐいました。そのとき、私以上に孤独な人がいるのだと思い、ママが愛しくなりました。

すっかり親子のような飲み友だちになっていた私に、ママは遠慮なくいろいろ言うようになりました。

「てっちゃん、彼女いないの？」

「あんたって、どっか暗いわ」

「何か隠しているね」

そして、ママはあるとき、こう言ったのです。

「てっちゃん、自分の思うように生きたほうがええよ。人生はいつ終わるかわからないんだから」

息子さんを失った人だけに言える含蓄のある言葉でした。

思うように生きるか……。

私はまだそのころ、「国田哲夫」という通名を使っていました。それが入社の条件だったのです。

在日コリアンであることを隠していました。

そして、もちろんゲイであることも。

当時の私は、ニコラに恋をしていたこともあって、ゲイであることのつらさを強く感じるようになっていました。

いまはカミングアウトする人が芸能人を中心に増えてきて、奇異なまなざしで見られることも前ほどではなくなったように思います。東京の渋谷区では同性のカップルに「結婚に相当する関係」と認める証明書を発行するパートナー

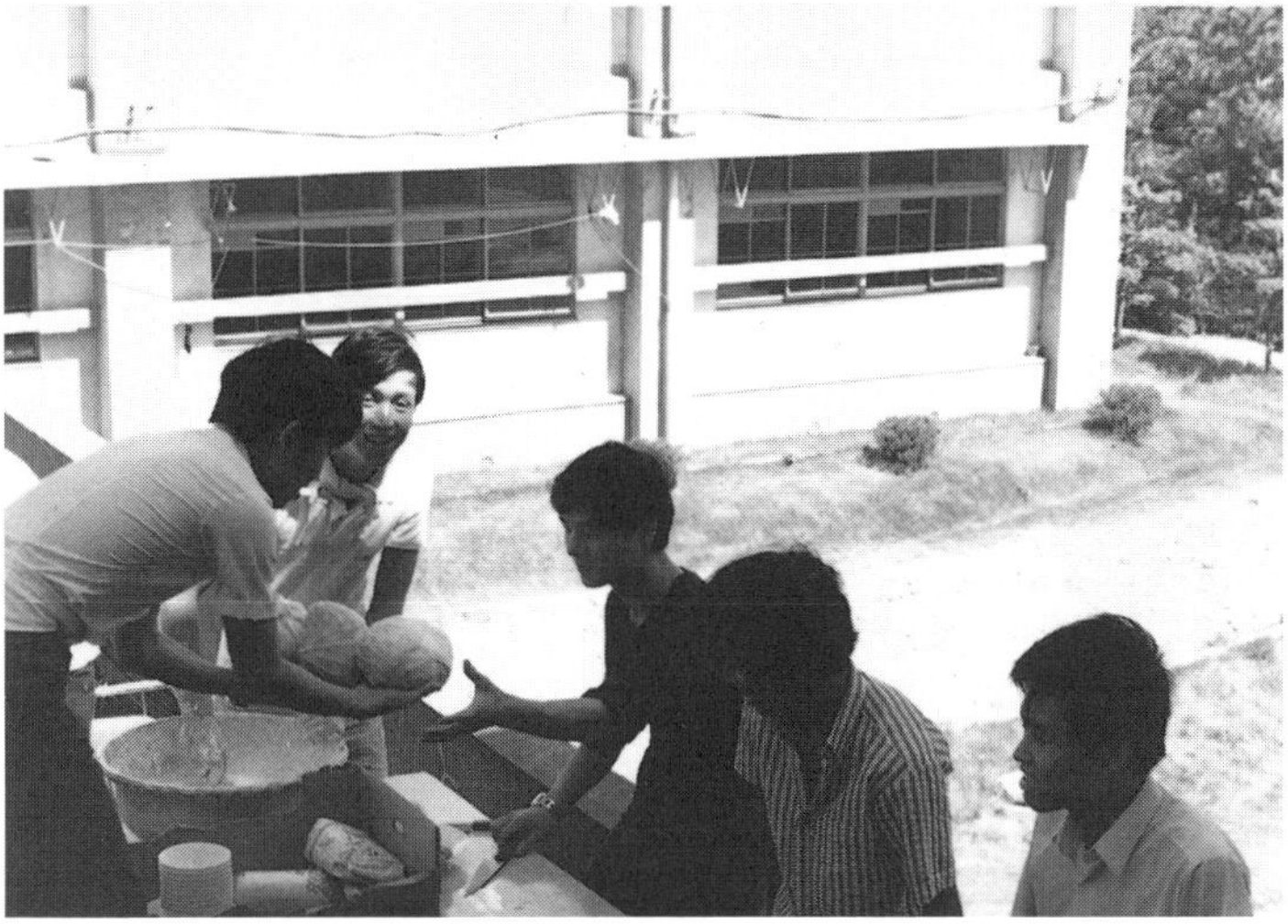

1970年、汲沢寮の夏祭りでお好み焼を開店。左から２人目が私

シップ条例ができました。世の中が少しずつ変わっているなという実感はあります。

とはいえ、じつのところ、本当は人々のなかにまだまだ差別的な感情はあるのではないでしょうか。私もたまに、居酒屋で見ず知らずのおじさんから「なんだ、おかまか！」などという侮辱的な言葉を浴びせられることがあるのです。そんなとき、私は「そうよ、おかまでなにが悪いの！　どうぞ、おかまいなく」とシャレで返しています。お店のほかのお客さんがどっと笑って、その場はおさまります。

それはいまの私だからできること。19歳の国田哲夫にそんな芸当ができるはずはありませんし、そんな時代でもありませんでした。美輪明宏さんやカルーセル麻紀さんが活躍しはじめてはいたものの、それはある意味、特別な存在。男が男を好きだなんて、病気なんじゃないか。そんな強い偏見にさらされていました。

好きな人ができても簡単には告白できないし、告白したら笑われる。たとえ思いが通じても、人前で手もつなげない。ゲイとはこんなにもつらいものなのか。

思い悩む私の心にママさんの言葉は強く響きました。

私も自分を出して生きていきたい——。

美輪明宏さんのように毅然と。カルーセル麻紀さんのように自分をさらけだして。もちろん、それは簡単なことではありません。でも、私はもう隠したくない。在日コリアンであることも。徐々にそう思うようになっていったのです。

## 会社をやめ大学受験

そんなおり、高校時代の初恋の相手、タカシから「会社を辞めて大学に行けよ」という手紙が届きました。タカシは関西大学の学生になっていました。

「大学は楽しい。自由だし、旅行もできるし……。哲は頭がいいから大学で勉強するといいよ。会社が嫌なら、すぐ辞めて大阪で受験勉強しろよ。オレの参考書全部やるから……」。

この手紙は私の心を動かしました。まだ19歳、やり直そう！　そう思うと私はじっとしていられなくなりました。何でもすぐにしないと気がすまない性格なのです。

あいまいな「友人」関係を続けていたニコラに電話して相談すると、「仕方がないと思うよ。じつはオレも会社辞めたいんだ」と意外な答えが返ってきました。ニコラはニコラで悩んでいたようです。彼の兄は競艇選手だったのですが、その影響を受けて、彼も競艇選手になるという夢を持ち始めていたのでした。

「ニコラも夢をかなえるといいよ。私たちはまだ若いんだから」。そう言って励ましあって電話を切りました。

ある日、タカシから大学受験の参考書が届きました。本を開くとき、私の心はときめきました。すぐに決心して会社に辞表を出し、居酒屋のママに別れを告げました。

なんという行動力！　サヨナラ、横浜、サヨナラ、ニコラ。

会社員時代にコツコツためたお金で大学に行きたい――。家族にそう伝えると、せっかく大会社に入ったのに、とがっかりしていましたが、だれも反対はしませんでした。

11月に会社をやめて、大阪に戻るとすぐに私は受験勉強に励みました。新聞配達所の親方に頼んで、新聞配達も再開しました。この時も新聞配達は私を助けてくれました。自分のお金ができるし、何よりも受験勉強の気分転換になり身体の調子がよかったのです。

朝4時前に起きて配達所に行き、新聞を配り、家に戻ったら毎日、まるで出勤するかのように図書館に直行。夕方まで図書館で勉強して、家に戻って寝る。そんな生活でした。

目指す大学は、お金がないから国立大学のみ。当時は一期校、二期校という区分けがあって、私が志望したのは一期校は鳥取大学、二期校は岐阜大学でした。

なぜ鳥取大学だったかというと、地方に行きたいな、と思っていたからです。なぜ地方？　それはよくわからないのですが、生き直したいと思っていたのかもしれません。とにかく、合格圏内の大学で、かつ地方。そしてなんとなく環境がよさそうところ。そんな理由で選んだのが鳥取大学だったのです。教育学部を選んだのは地方で教師をしながら暮らしていくのもいいかな、と漠然と考えていたからです。

タカシの「がんばれ」の手紙を胸に抱いて私は鳥取行きの電車に乗りました。まだ雪の残る3月、鳥取大学の教育学部を受験しました。しかし、数日後「サクラ・チル」（不合格）の電報が届きました。一浪してもしかたがないなとは思っていましたが、やはりがっかりしました。でも気持ちを立て直し、数日後に今度は岐阜行きの電車に乗りました。1972年、浅間山荘事件のその年、私は岐阜大学教育学部に合格したのです。

## 飲んでばかりの新入生

通名の国田哲夫を捨てて、本名の鄭哲《チョンチョル》で岐阜大学に入学しました。住まいは、百々ヶ峰《どどがみね》のふもとにある岐阜大学教育学部の望峰寮。設備の整った横浜の会社寮とは比較にならないほど質素な木造の、以前は兵舎だったという寮。二食付きで寮費は月3500円。私はこの寮に、布団ひと組だけ持って、意気揚々と入寮しました。

初日、玄関で大勢の先輩たちが私を待ちうけていました。望峰寮に「外国人」が入るのは初めてだったとのこと。物珍しさと好奇心で、先輩たちの目は輝いているように見えました。

私は恐そうな、けれども素朴な先輩たちの玄関での歓迎を受けてドギマギしました。あとから聞いたことですが、韓国語のあいさつの勉強までした先輩もいたようです。私が日本語で「よろしくお願いしまーす」とあいさつすると、皆、拍子抜けしたような顔をしていたことを今でも鮮明に思い出します。

その夜、割れた窓ガラスから冷たい夜風が吹き抜ける食堂で新入生歓迎コンパが催されました。他の新入生はイッキ飲みを先輩から強制されて、ゲロを吐

岐阜大学祭ではギターを弾きながら歌った

いたり、気持ち悪くなって倒れたり、大変でした。

今でこそイッキ飲みはよくないとされ、飲酒を強制してはいけないという常識が浸透していますが、40年前はめちゃくちゃです。先輩からつがれた酒は飲まなければいけない。イッキを命じられたら飲み干さなければならない。飲酒経験のない人やそもそも飲めない人には地獄です。多くの新入生にとっては、「なんだ、この寮は！　どういうところや！」だったでしょう。

私はといえば、横浜で酒を経験していたし、もともと酒には強いし、カッコイイ先輩たちの酒ならなお嬉しくて、どんどん飲み干しました。若かったから、今以上に飲めたのです。だから先輩たちから気に入られ、その後も柳ケ瀬の赤ちょうちんへよく連れていかれました。

もっとも気に入られたのは飲み屋での勘定のときです。先輩たちは貧しくて、3軒目のときには誰もお金を持っていないことがよくありました。私は会社員時代の貯金があったので、いつも気前よく払ったのです。みんな、大喜び。帰りのタクシー代まで（普通だと寮歌でも叫びながら歩いて帰るのですが）私が払うと、ある先輩に抱きしめられました。なんというしあわせ。私は有頂天になっていました。

## 学生からスナックのマダム・テッチャンへ

でも、そんな天国は長くは続きませんでした。手持ちの金が底をついたのです。バイトをしなければ、と同じ寮にいたパチプロ大学生に連れられ、岐阜中のパチンコ店へ稼ぎに行きましたが、私は負けてばかり。私はパチンコには向かないと思い知りました。やはり、真面目にアルバイトするしかないなと、数人の寮生と日雇労働者として豊橋へ行きました。しかし、筋力のない私はこれも長続きしません。次にやってみたのは先輩から紹介された家庭教師。でも、これも結果的にダメでした。私が教えに行くと、子どもがタンスの中に隠れて出てこなかったのです。それにしてもなんで隠れていたんだろう……。

どんなバイトなら自分にできるのだろう。だんだん自信がなくなってきたある日、バスの中から「アルバイト募集、学生可」の貼り紙が目に留まりました。長良北町にあるスナック長良《ながら》という店でした。酒は好きだし、人も好き……。自分にもできるかもしれない。そう思って私は夜の開店時にスナック長良を訪ねました。ママが私を気に入ってくれ、即採用となり、さっそくその日からバイトに入りました。

ママと二人でカウンターの中から客の相手をするのがメインの仕事。お酒をつくり、おしゃべりし、カラオケでジュリーや布施明の歌をうたう。するとお客が喜ぶ。快感でした。時々、ヤクザっぽいお客も来ましたが、寮の先輩たちや大学の先生たち、鵜飼《うかい》船の船頭さん、時には観光客も来て、店は大繁盛。私は大いにこのアルバイトが気に入り、大学の授業に出ず、バイト中心の生活になっていったのです。

だいたいの一日は昼ごろ起きて、柳ケ瀬のパチンコに行き、必ず映画を観て、そのままスナック長良でアルバイト。夜中の1時頃に寮に着くと部屋に行かずに娯楽室で朝まで麻雀。これが私の日課でした。大学時代は、スナック長良時代といってもいいでしょう。

地方の教師になる夢など、とうに消えていました。うしろめたさがなかったわけではありません。ただ、大学の先生から1回生のときに、「在日コリアンが公務員になるのは難しい」と言われたことがあり、そのころから勉強に精が出なくなったというのは確かです。でもそれはやはりいいわけです。私は勉強よりも水商売が楽しかったのです。

もっと稼ぎたい、時給の高い店に移ろうと思って、岐阜の歓楽街である柳ケ瀬の店に移ったことがあります。すると、長良のママから、給料を倍にするから戻ってきてほしいと懇願されました。てっちゃんがいなくなったら、学生も先生も来てくれなくなって、店は閑古鳥が鳴いている、お願いだから帰ってきて、と。

青春の一頁。スナック長良のカウンターで

「それなら、もちろん」と二つ返事で長良に舞い戻りました。店はふたたびお客でにぎわい、活気を取り戻しました。

その後、私はスナック長良を買い取り、本格的に水商売の道を歩み出しました。薄化粧して店に立つようになり、岐阜大学の学生を何人かバイトで雇いました。男子も女子もいましたけれど、男子のほうが多かったかな。かわいい子ばかりでした。そのうちに「安いゲイバー」として有名になり、名古屋からもわざわざお客が訪れるほどの人気店となりました。もちろん、常連のお客さんもたくさん。

店を買い取る前のアルバイト時代から、毎日ツケで飲みに来ていた大学のK先生は、今でも私のコンサートに来てくれます。K先生は憲法を教えていたのですが、からだに障害があり、一度「障害があると小中高の教員にはなれんけど、大学の教員にはなれるんだぞ」と、話してくれたことがあります。そのとき、先生も差別をされて生きてきたんだなあ、とお互いになにか通じるものを感じました。だから、私の店によく来てくれていたのかもしれないし、今でもお付き合いが続いているのかもしれません。でも、ツケをなかなか払ってもらえないのはちょっと困ったかな……。

2回生のとき、K先生の憲法の試験で、連日のバイトで勉強をまったくしていなかった私は記述問題になにも解答できず、もう、あかんなと、苦し紛れに「先生、ツケ残っています」とだけ書きました。するとどうでしょう。なんと最低の成績でしたけれど、不可にはならず単位をもらえたのです。真面目に勉強した学生たちには申し訳なかったですね。今となってはなつかしい思い出です。

でも結局は中退してしまったので、せっかくとった単位も無駄になってしまいましたが……。

＊　＊　＊

# 初恋のニコラ

作詞：Istvan S. Nagy　作曲：Peter Mate　訳詞：今里哲

あなたと出逢った青春　ヨコハマ
港のベンチで　交わした約束
「いつまでも離れないよ　このままずっと」
潮風に吹かれて二人　海を見ていた

ニコラ　ニコラ　私の初恋の人
街は変わり　華やかで　きれいだけど
ニコラ　ニコラ　あなたはあれから何処へ
捜す面影　時が流れた街で

あなたと別れた青春　ヨコハマ

馬車道あたりで　抱き合う恋人
許されない愛だからこそ　真剣だった
出てゆく船を追いかけ　カモメは泣いた

ニコラ　ニコラ　私の初恋の人
海のホテル　暮れ惑う街灯り
ニコラ　ニコラ　再び逢うこともない
過ぎた青春　二人愛した街で

ニコラ　ニコラ　私の初恋の人
街は変わり　華やかできれいだけど
ニコラ　ニコラ　あなたはあれから何処へ
捜す面影　時が流れた街で

ニコラ　ニコラ　私の初恋の人
海のホテル　暮れ惑う街灯り
ニコラ　ニコラ　再び逢うこともない
過ぎた青春　二人愛した街で

# 3

# 夢のベネチア

ベネチア仮面のカーニバル、2014年2月

## 前世はイタリア人？

フランスを代表するシャンソン歌手、シャルル・アズナブールが歌ってヒットした「悲しみのベニス」。日本でも金子由香利、加藤登紀子さんなどが歌い、有名な曲です。私は、「夢のベネチア」というタイトルでてっちゃん流の詞をつけて歌っています。

ベニスはご存じのとおり、イタリアの都市です。イタリアといえば、マンジャーレ（食べること）、カンターレ（歌うこと）、アモーレ（愛すること）の世界。この3つどれについてもすこぶる情熱的な私は、もしかしたら自分の前世はイタリア人だったかもしれない、と思ったりします。

イタリアにはこれまで5回行きましたが、イタリアのなかでいちばん好きな都市がベニスです。ベニスには3回行きました。英語では「Venice」と呼ばれるため、これにしたがって日本語でもベニス（ヴェニス）と呼ばれるようですが、私は原語の「ヴェネツィア」に近い「ベネチア」という呼び方を好んでつかっています。

ベネチアといえば水の都として有名ですが、私がベネチアをはじめて知ったのは、ルキノ・ヴィスコンティの映画「ベニスに死す」でです。淀川長治さんがこの映画をひじょうに高く評価されていたので、見に行きました。原作はトーマス・マン。老いた作曲家がベニスを訪れる道中で出会った少年・タージオに一目ぼれ。彼を執拗に求めてベニスの町を徘徊するのですが、恋はかなうことなく、タージオへの募る思いを抱えながらその当時流行していた疫病にかかって亡くなる、というなんともやりきれないストーリーです。

しかし、すばらしい映像美。そして、少年役のビョルン・アンドレセンがほんとに美しいのです。

# お客様は神様

2014年2月に3度目のベネチアを楽しみました。アズナブールが描いたシャンソンの世界をもう一度見てみよう。ベネチアに身を置いて、シャンソンについて、歌うことについてあらためて考えてみたい。そうだ、どうせならカーニバルのある2月に行こう。そんな目的をもった5泊7日の旅でした。

飛行機はビジネスクラス。この歳にして初めて乗りました。泊まったのはダニエリという名門高級ホテルです。もともとはベネチアの貴族ダンドロ家の宮殿だったそうですが、その後18世紀にホテルに改装され、その後いくたびかの改築を経ていまのスタイルとなったそうです。こじんまりとしているのですが、アンティークを施したまばゆいばかりの豪華絢爛な内装に魅入られました。

そしてもう一つ特筆に値するのがその景色です。

ベネチアはアドリア海に面したラグーン（潟）の上に海面すれすれにできた都市なのですが、ホテルの部屋からはラグーンが一望でき、停泊するゴンドラやサンタマリア・デッラ・サルーテ教会を眺めながら、ゆったりとした時間を過ごしました。非日常の豊かさ、とでもいうのでしょうか、それをじゅうぶん

水の都ベネチアの橋と水路。右はしにゴンドラが見える

に満喫したのです。

レストランで朝陽とともに朝食をいただきながら、私はしあわせをかみしめました。

そしてこんな至福のときが過ごせるのも、歌手としての私を応援してくれるお客様のおかげだ、と、ごく自然にそんな気持ちになり、こころが満たされていきました。

三波春夫さんがむかし、「お客様は神様でございます」とステージで満面の笑みを浮かべながら言っていた姿を覚えている方も多いでしょう。流行語にもなりましたが、当時まだ若かった私は、そんな三波さんの様子を見て「なに媚《こ》びているのかしら」と反発さえ感じていたものです。

でも、いまは違います。

三波春夫さんは心の底からそう思っていたのだとわかりますし、私がいまここにこうしてあるのはお客様のおかげであり、だからお客様は神様なんだと思えるのです。これはお世辞でも媚《こび》でもなく、本心です。お客様は神様です！（「どうかくれぐれも仏様にならないよう長生きしてください」とステージではそんな冗談を言ってお客様に喜んでもらっています）。

そういえば、永六輔さんもそう言っていました。

永さんとは岐阜で2001年にいっしょにショーをやらせてもらったことがあります。永さんが講演、私がピアノを伴奏に歌い、最後はふたりのトークで締めくくるという構成でしたが、そのトークの際に永さんが「お客様は神様だよ」としみじみと語ったことを今でもときおり思い出します。

とにかく歌手になれてほんとうによかったと日々思います。歌手であると名乗れるのも、聞いてくれるお客様がいるからこそです。歌手という職業は私を人間的に成長させてくれたと思います。

いったいいつごろから歌手を目指していたのか、と聞かれることがありますが、はっきりと「なりたい」と自覚したのは30代も半ばに近づいたころです。そんな年齢で歌手になろうなんて、ポジティブというか、悪く言えば身のほど知らず？　そう思うかもしれませんが、とにかくやりたいようにやる、生きたいように生きる、というのは私の人生哲学で、そのときの決断に迷いはありませんでした。

とはいえ、そう思うに至るにはそれまでの積み重ねがあります。なにもないところから急に花は咲かないのと同じで、それまでの人生で経験したいくつかの出来事が種となり、歌手という道が目の前にあらわれたといえるでしょう。

## 刑務所の慰問コンサート

もともと人前で歌うことは大好きでした。

はじめて歌うことを快楽と感じたのは中学時代。文化祭での出来事でした。私の通っていた大阪市立大池中学校では、文化祭の独唱の部でその年に選ばれた生徒が歌を披露するという出し物がありました。誰が歌うのか、その誰かを決めるために、音楽室で全校生徒の代表を集めて予選を行うのですが、私のクラスではなんと私が代表になったのです。

予選日、音楽室へ行くと代表10人のうち、男子は私1人だけでした。その唯一の男子が決勝を勝ち抜き、全校生の代表として文化祭で歌うことになったのです。男子生徒が代表になったのは大池中学校開校以来、初めての珍事とのこと。私は誇らしい気持ちでいっぱいでした。

音楽の三橋美智子先生の特別レッスンを受けて、いよいよ文化祭の日がやってきました。先生のピアノ伴奏で私はサンタルチアを歌いました。緊張してすごくアガってしまったのですが、気がついたらたくさんの拍手が私を取り巻いていました。なんという感動と喜びでしょう。「ボーイソプラノのてっちゃん！」と、私は一夜にして生野区猪飼野の有名人になりました。当然、私は有頂天になりました。

スナック長良でお客さんを前にカラオケで熱唱すると、そのときの快感がよみがえってきました。うまい！　最高だ！　いい声だね！　プロみたい……。

そんな讃辞を聞くのも日常茶飯事だったあるとき、店の常連さんから、歌ってくれよ、と声をかけられたのです。「えっ、どこで?」と聞くと、なんと岐阜刑務所でした。

その常連さんは岐阜刑務所の看守さんで、私がカラオケで歌っているのをなんどか聞いているうちに、服役している人たちに哲の歌を聞かせたらどうだろう、と思いついたそうです。「慰問として、ギタリストを連れて歌いに来てほしい」という誘いに、私は「やりたい!」と二つ返事でOKしました。正直にいえば、ちょっと怖い気がしないわけではなかったのですが、好奇心のほうが勝りました。

その数週間後、大学の後輩のギタリストぶーちゃんを連れていよいよ刑務所への慰問の日がやってきました。前の晩、歌のことよりも、最初にどうあいさつしようか、とそのことばかりが気になりました。「いらっしゃいませ」じゃないし、「ようこそ来ていただきました」とも言えないし……。結局考えがまとまらず、ぶっつけ本番でいくことにしました。ええい、なんとかなるだろう! そう、人生、いきおいが大事です。

いよいよ幕があいて、ステージは歌から始まりました。なんの曲だったのかを思い出せないのですが、あたりさわりのないフォークソングを歌いました。つつがなく歌い終わり、拍手をあびて、いよいよ私のあいさつです。さて、なんというべきか……。

「悪人のみなさん、こんにちは」

口がすべったとはまさにこのこと。言った瞬間、あ、やばい、と思ったのですが、後の祭りでした。

場内はシーンと静まりかえりました。ところが、だれかがパチパチと拍手をしたのです。それが引き金となって、場内のあちこちから笑い声がわきあがり、一瞬にして場はなごやかな雰囲気に包まれました。それからは、私のペースで、在日コリアンであること、大学を中退してスナックのマダム・テッチャンになったことなどをおもしろおかしく語り、あっという間に慰問は終わったのでした。

私が人前で歌うこと、おしゃべりすることのおもしろさにはっきりと目覚めたのは、この慰問からでした。

## サンジャンの私の恋人

でも、まだこのころは、歌手になろうとまでは思っていませんでした。

いったいいつからかな、と振り返ってみると、やはりシャンソンとの出会いが大きかったのです。

私がシャンソンの世界にぐっと惹きつけられるようになったのは、金子由香利さんのアルバムに入っていた「サンジャンの私の恋人」を聴いてからです。

この歌を最初に歌ったのはリュシエンヌ・ドリールというフランスの歌手。

フランスのサンジャン祭（聖ヨハネの火祭り）の日に、ひとりの女が今でいうイケメンと恋に落ち、最後は捨てられてしまう、というよくある失恋の歌なのですが、私は最後の言葉にぐっときました。

いいじゃないの　あの人のことはもう

## みんな終わって過ぎたことなのよ

第2章でお話しした初恋の男、ニコラと最後に会った日の3日後に、偶然にも私はこの歌を聴きました。スナック長良の女性客が「このアルバム、とてもいいから」と教えてくれたのを思い出し、なんとなく聴いてみたのです。

愛していた男に捨てられてしまった悲しみを抱えながらも、もう終わってしまったことなのだから、執着はしない……。低い声でささやくように、しかしきっぱりと歌う金子由香利の歌に引き込まれました。そう、そうだよね。私もニコラをきっぱりと忘れよう。

ニコラとは岐阜大学に入学したあとも友情関係がだらだらと続いていました。あるとき久しぶりに電話がかかってきて、たまには会おうと誘われました。いったいなんだろう……。彼からの誘いをいぶかりながらも、待ち合わせ場所の近鉄奈良駅前にいそいそと出かけると、ニコラが真っ赤なスポーツカーに乗ってやってきました。

「おれのうちまでドライブしよう」

彼は奈良の郊外に家を新築したそうで、ぜひ家に案内したいというのです。ドライブなんて久しぶり。しかも最新型のスポーツカーでニコラとドライブできるなんて夢のよう。その道中の楽しかったことといったら……。

家に到着し、私は遠慮なく各部屋を見て回り、競艇の選手って羽振りがいいんだ、まだなってからそれほど年数がたっていないのによくこんな家を建てられるまでになったなあ、と、すっかり感心しました。

そう言うと、「いやいや、そんなことないよ」と謙遜しながらも、ニコラはうれしそうな顔をしていました。

そして一瞬の沈黙のあと、ニコラはこう言いました。

「じつはな、テツ。おれ、もうじき結婚するんだよ。嫁とこの家で暮らすんだ」

ニコラは異性愛者。いつかは結婚するだろうとわかってはいましたが、あらためてそう聞かされ、私は言葉を発することができませんでした。

黙ってニコラを見つめる私に、彼は、ちょっと笑いながらこう言いました。

「結婚したらもうテツとは付き合わんぞ。わかるよな？」

ニコラがわざわざ呼び出して言いたかったのはこのことだったのか、と思いました。今から思えば、電話でもすますことができたのに会うことにしたのは、彼のやさしさだったかもしれません。

「うん、いいよ。しあわせになってね」

そう言うのが精いっぱいでした。

ニコラに近くの駅まで送ってもらい、無言のまま改札口で手をふり、背中を向けました。すると、涙が溢れてきました。それからどうやって帰ってきたのか、いまはもう思い出せません。でも、スナック長良に行き、いつものように店をあけ、いつものようにたくさんのお客で繁盛し、私は大いに飲みました。

その翌日も翌々日も、私は店をあけ、いつもと変わらぬ日々を送りました。けれども、ふとした瞬間に、ニコラのことを考えている自分がいます。もうどうにもならないというのに……。そんなとき、金子由香利さんの「サンジャンの私の恋人」を聴いたのです。私の魂にぐっと入りこんできました。もういいじゃないの、終わったことなんだから。そう、過去にとらわれているのは自分。思い切るときは思い切らなければ、人生は始まらない。すべては私の決断にかかっているんだ。そう思うと、生きる勇気がわいてきたのです。

## 一度しかない人生だから

それから、本格的にシャンソンを聴き出しました。金子由香利、美輪明宏、グレコ、ピアフ、シャルル・アズナブール、イベット・ジロー……。

そして、聴くだけでなく、シャンソンを歌いたくなり、名古屋の「シャンソン・ド・ブーケ」が主催するシャンソン教室に通い始めました。そこで教えていたのがジャズピアニストの疋田修三先生です。先生との出会いが私のその後の人生を変えました。

昼はシャンソン教室、夜はスナック長良のマダムとして、忙しくも充実した毎日を過ごしていましたが、あるときスナック長良で出会った音響・照明の「はぐるま」の発案で、岐阜市にある御浪町ホールで初コンサートをやることになったのです。一部はカラオケで歌謡曲、二部は疋田修三のピアノでシャンソンを歌いました。それが楽しくって……。

それに味をしめた私はしばらくして、こんどは岐阜グランドホテルで250人集めて、ショーをやろうと思い立ちました。1986年、35歳のときです。そのホテルの従業員や宿泊客がスナック長良のお客さんで、コンサートをやってみたいけれどどうだろう？　と相談したら、「それはいい！」と快く協力してくれました。

私は、チケットを一生懸命売りました。スナックのお客さんはもちろん、新聞配達のおじさん、行きつけの居酒屋のマスターなどなど、かかわりのあるあらゆる人たちに「買って～」とお願いしました。すると、その人がほかのお客を紹介してくれたり、まとめて10枚、20枚購入してくれて、チケットは瞬く間に売り切れ。「わあ、こんなに売れるんだ！」と自分でも驚いたくらいです。

ところが、ショーの1カ月前のある夜、私は飲み過ぎて、マンションの階段を転げ落ち、右足を骨折してしまったのです。慢心というか、いい気になっていたというか。

「しばらくは入院です」

と、医師。

「え、コンサートを1カ月後にやることになっているんです！　なんとかなりませんか⁉」

と、私。

「それは難しい……」

その場ではそう言われたものの、あきらめきれず、「とにかく早く退院する方法を考えてください。お願いします！」と何度も懇願すると、医師が「腰からのギブスをつけ、松葉づえをつけば歌えますよ」と、言ってくれました。

当日、バイトの男子学生にささえられながら岐阜グランドホテルに行き、ギブスと松葉づえで歌いました。自分でもあきれるほどの根性です。応援してくれたみんなに迷惑をかけたくない、その一心でした。

なんとか無事に終わり、お客さんにも同情されるやら感動されるやら。疋田

2014年、ベネチアのホテル「ダニエリ」のロビーで

先生やカンツォーネ歌手でわたしが心の母と慕う水野喜久さん（水野さんはいま80歳。いまも現役の歌手です）、石膏で固めた右足にあうように衣装をつくってくれたデザイナーのベティさん、元マネージャーの井上敏子さんなど、たくさんの人たちに支えられたコンサートでした。

じつは、コンサートをやろうと決めたときにはまだ歌手になろうとは思っていませんでした。趣味の延長、といった感じでしょうか。あこがれていたけれど、それで生活の糧を得ようとまでは考えていなかったのです。

しかし、入院中に、水野さんからもらったテープでシャンソン・カンツォーネを聴いているうちに、ヨーロッパ音楽の素晴らしさに心を奪われていきました。そして、一度しかない人生、やりたいことをやろう、歌手になろう、という気持ちになっていったのです。骨折したおかげで、自分を見つめ直す時間を得て、私の決心は固まっていきました。

そのころ、岐阜大学が長良から移転し、スナックのお客が減ったことも私の背中を押しました。長良で暮らして15年。そろそろ人生の転機なのだろう。未練はありませんでした。店を買いたいという人があらわれ、１５０万円で売り払い、そのうちの50万円を握りしめて、パリへと旅立ったのです。

＊　＊　＊

## 夢のベネチア

作詞：Françoise Andrée　作曲：Charles Aznavour Dorin　訳詞：今里哲

海に浮んだ　不思議な街
夢に見た　恋のベネチア
あなたは何処の　何者なのか
仮面の瞳に　誘われて
あとを追いかけ　広場に出れば　サンマルコの鐘が鳴る
まぼろしなのか　とまどう私
ゆきずりの恋に迷う

運河の街　何処を行くのか
迷路の街　恋のベネチア
リアルト橋を　渡れば
酒場で　オンブラに酔う人々
瞳を捜しゴンドラに乗れば　仮面の群れが行き交う
月夜のカーニバル　万華鏡のよう
旅の夢なのか

祭りの夜の　ためいき橋で
月影に消えた　瞳
サヨナラ　夢のベネチア
水の都の　物語

QUE C'EST TRISTE VENISE
作曲：Charles AZNAVOUR　作詞：Françoise Andrée DORIN
日本語詞：音羽たかし&あらかはひろし

# 4

# 今、今、今

大阪の人権コンサートで。2010年ごろ

# 過去にサヨナラ

今が大事、とはよく言われることですね。

わかってはいても、人は昨日を振り返り、明日を思い煩い、今この瞬間を忘れてしまいがちです。

あのとき、ああすればよかった、あのとき、あんなことをしてしまったから、今、私の人生はうまくいかないんだ……。

もし、恋人の心が私から離れたらどうしよう。

もし、病気になって働けなくなったらどうしよう。

もし老後に一文無しになったらどうしよう。

たとえば、そんな心配。

反省や後悔、将来への漠然とした不安は、人を成長させ、人生をより豊かにするために欠かせないものですが、しかし、それはあくまでも今をよく生きるというポジティブな気持ちがあればこそ。たんに過去を悔い、未来を憂いているだけでは、人はかえって不幸になるような気がします。

藤田敏雄さん作詞、いずみたくさん作曲の「今、今、今」は、そのことを教えてくれます。

とはいえ、私もえらそうにはいえません。あるときまで、過去にとらわれて生きてきたのです。

## 芸名の由来

コンサートでよくお話しするのですでにご存じの方も多いでしょうが、私の芸名、今里哲の今里は、近鉄の今里駅から拝借しています。私の出身は大阪市生野区猪飼野。猪飼野という地名は残念ながら昭和48年に町名変更でなくなりましたが、大阪市東成区と生野区にまたがる、平野川の旧流域右岸を指す地域の名称です。大阪出身の方でなくても焼き肉店や韓国食材店、衣料品店などが立ち並ぶ「鶴橋商店街」ならご存知の方も多いと思いますが、鶴橋も猪飼野と呼ばれた地域の一部です。コリアタウンとしては御幸通商店街が有名ですね。

インターネット上の百科事典「ウィキペディア」によると、猪飼野一帯は、飛鳥時代には「百済郡」と呼ばれ、朝鮮半島から渡来人が住み着いていたそうです。その渡来人たちが豚を飼う技術を持っていたことから、「猪飼野」という地名になったとか。その後、時は下り、日露戦争や第一次世界大戦の好景気で工場や住宅が密集する地域に変貌し、たくさんの工場労働者が暮らす町となりました。朝鮮民族がここで暮らすようになったのは、1920年代に大阪と済州島を結ぶ直行便「君が代丸」が就航したから。朝鮮半島からたくさんの韓国・朝鮮人がやってきて、猪飼野に住むようになったそうです。第1章でお話ししたように、私の父母もこの船に乗って、猪飼野にたどりつきました。

芸名をつけるとき、父がつけてくれた、本名の哲はそのまま使おうと決めていました。日本語で読むと「てつ」、韓国語読みでは「チョル」。哲という名前はとても気に入っていたのですが、問題は姓です。芸名というものが欲しかったのです。

2007年、デビュー20周年記念コンサートが行われた
大阪・ワッハホールの楽屋で

かつてプロ野球の近鉄の本拠地であった「日生球場」でバイトをしていたこともあって、近鉄線の駅名を芸名にしようと思いつきました。

まず思い浮かんだのが「布施」。でも布施明さんがいるからあかん。

じゃあ、「難波哲」はどうだろう？　うーん、吉本みたい。

「日本橋哲」は？　落語家みたいだなあ。

では「上六哲」はどうやろ？　靴屋さんみたいだ。

そして、落ち着いたのが「今里哲」。布施明さんが好きだから、隣にいたい。旧猪飼野の最寄り駅だし、これしかない。ということで、今里哲となったのです。

コンサートでは、芸名の由来をこのようにお話しするのですが、最後にきまって付け加えるのが、この言葉です。

「わたしは大阪市生野区猪飼野出身ですが、いまは縁あって岐阜に住んでいます。いまいるところがふるさと。そんな気持ちで生きています」

でも、白状しますと、こんなきっぱりさっぱり、と内心は思っていませんでした。

私のふるさとは猪飼野。でも、そこにはもう帰る家がない……。なぜって？　私が20歳、岐阜大生の頃に、3番目の兄が父や母、そしてヒロオたちと暮らした長屋をなんの相談もなく勝手に売り払ってしまったからです。兄は金融業で成功し、立派な家を建てました。そこには母もいっしょに暮らしていました。もし兄が私を差別しなかったなら、私の帰る場所は兄の家だった、と思います。

しかし、前にもお話ししたように、兄は私に「おかまなんて帰ってくるな」と吐き捨てるように言ったわけですから、私には帰る家はなくなりました。ヒロオはとっくに兄と絶縁していました。私もこの兄と金輪際つきあわないと心に決めました。

## 迷子の夢

そう思うことで、自分の怒りを鎮めようとしていたのですが、20歳のときに勝手に兄に猪飼野の家を売り払われてから、ときおり迷子になる夢をみるようになりました。


そこはどこか知らない町。

自分がどこを歩いているのかわからない。

心細い気持で、私は歩き回る。

ここはどこだろうと思いながら、歩き続ける。

と、突然行き止まり。もとの道を戻ろうとすると、そこに広がっているのは見おぼえのない町……。

えっ、いま来たはずの町はどこにいったの？　いったい、ここはどこなの？

そして、ぱっと目が覚める。ああ、また夢をみたのか……。

毎年恒例の岐阜・名古屋・大阪の公演の衣装で。開幕直前の私

あまりに何度も同じような夢をみるので、おかしいと思って理由を自分なりに考えてみました。兄のこころない言動で、自分には安心して帰れる家がなくなったこと。それが夢をみる原因としか思えない、というのが私の出した結論でした。

夢の回数は時の経過とともに減っていきました。それが歳をとるということなのでしょう。でも皆無にはなりませんでした。還暦を過ぎても1年に2、3度、迷子になる夢をみていたのです。

「今が大事」といいながら、じつは私自身が過去にこだわっていた。恥ずかしいけれど、そういうことなのです。兄の言動にこだわり続け、自分の心をしばっていた。今、こんなにたくさんの人たちが私を応援してくれて、有名な歌手ではないけれど、歌で食べていけている。旅もできる。すてきな今を過ごしているというのに、まだ過去にこだわっている。そういう自分がいたのです。

# 大熊町の人たちと出逢って

ところが、2014年の秋からいままで、迷子になる夢をみていません。たぶんこれからも、もうみないという確信があります。

原発事故でふるさとを奪われてしまった大熊町の人たちと、ほんのひとときですが、すごさせていただいた経験が、私の気持ちに変化を起こしました。

2014年9月、会津若松にある生協のグループが、大熊町から会津若松の仮設住宅に避難している人たちに向けてのミニコンサートを開くことになり、そこに私を呼んでくれました。自分で旅費と交通費を出しますからぜひやらせてほしい、と前々から頼んでいたのですが、それが実現したのです。会場は、会津若松市内のコミュニティセンター。参加人数は20人もいないこぢんまりとした規模でしたが、思い出深いものとなりました。

「シャンソンなんて初めて聴いた、ぜんぜん知らない歌ばかりだけど、よかった」とおっしゃってくださったおばあちゃん、「CDを買うためにいったん家に戻ってお金をとってきたよ」と言いながら、私に声をかけてくださった白髪のおじさま。みなさんの笑顔に、心を打たれました。

「ブラボー！　テッチャン！」「アンコール！」。恒例の今里哲コンサートで

コンサートの前、仮設住宅に案内してもらいました。原発事故から3年半。住み慣れたふるさとを追われ、狭く、寒い仮の家からいまだ出ることができず、先の見通しがもてないみなさんの暮らしを間近にみて、あらためて原発事故の悲惨さを思い知りました。これは決して他人事ではない。二度とこのようなことが起こらないようにしなければならないし、ふるさとをなくした人たちに最大限できるかぎりのことを国の責任でしなければならないし、わたしたちも関心を持ち続けなければならないと強く思いました。

と同時に、兄を恨んで自分には帰る家がない、などといつまでもぐちぐちと思っている自分をひどく情けなく感じたのです。

ふるさとがない、なんて私は思ってきたけど、だからふるさとをなくした人の気持ちはわかるつもりだけれど、でもこの人たちの苦しみに比べたら、私の苦しみなんてたかが知れている。もう身内の非難はやめよう。私は今を生きよう。そう思ったのです。

それから私は、迷子の夢をみていません。

＊　＊　＊

今、今、今

作詞：藤田敏雄　作曲：いずみたく

あの人が教えてくれたよ
人生を歩んで　行く時
いつも忘れている事だけど
何よりも大事なこと

それは　あなたも私も　今　生きていること

今、今夜の終わりに　今、今暗い広場で
今、今見つめ合いつつ　今、今恋が別れる
今、今けれどその時　今、今陽は又昇る
今、今空を見上げて　今、今私は生きる

※二度と帰らぬ時　今　それが私の命
今、今このひととき　ああ　この今こそ※

今、今花が死ぬ時　今、今虹《にじ》を待つ時
今、今船が出る時　今、今旅立つ時
今、今私は生きる　今、今私は生きる
今、今私は生きる　今、今まだ生きる

（※繰り返し※）

二度と帰らぬ時　今　それが私の命

今、今このひととき　ああ　今　この自由を
この自由を
この自由を

# 5

# もしもあなたに逢えずにいたら

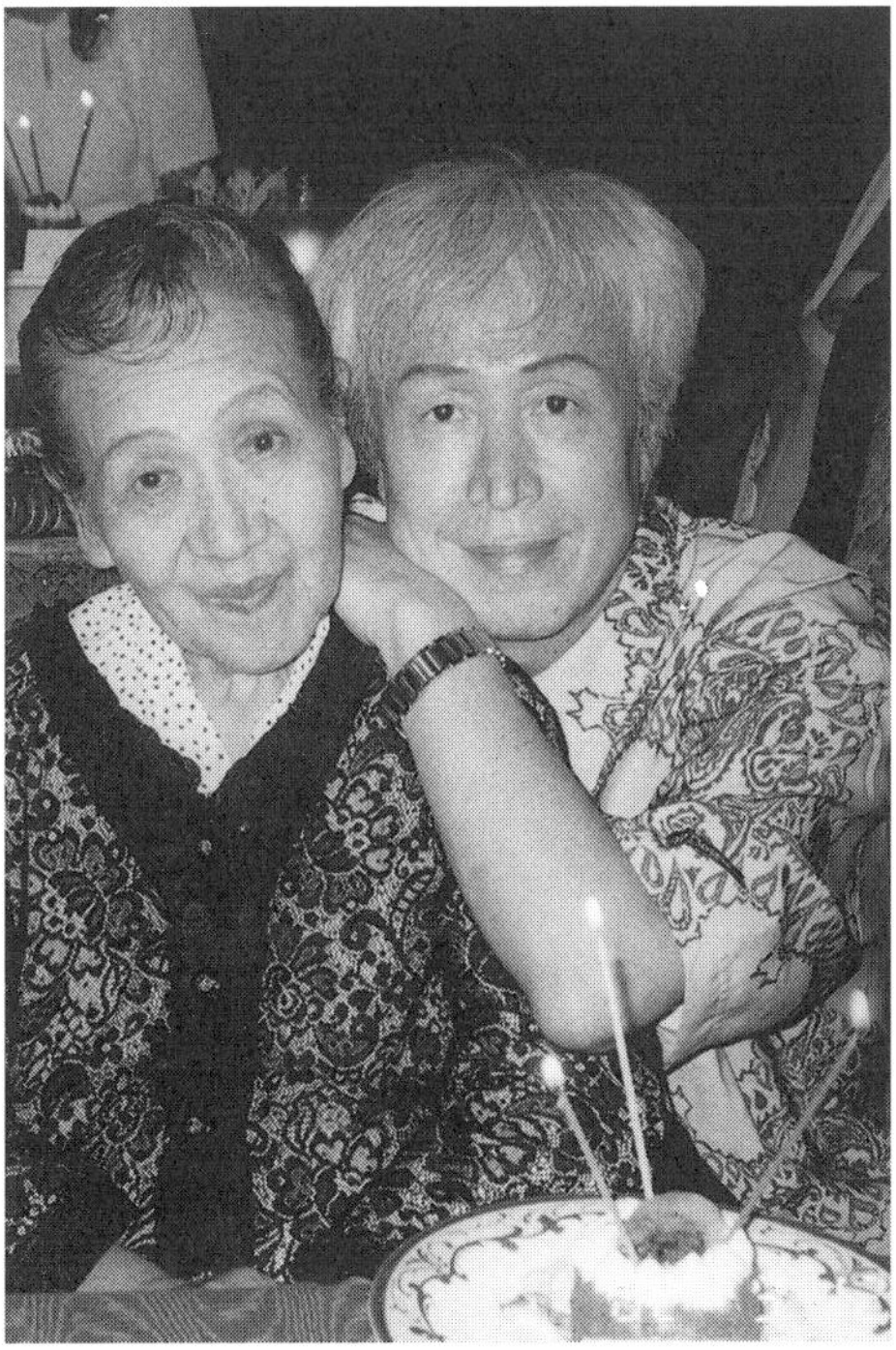

私の誕生日は福澤おばあちゃまと

# 出逢いの奇跡

「もしもあなたに逢えずにいたら」という歌は、ルイ・アラゴンの詞にジャン・フェラの作曲で、これもまたいろいろな歌手が歌っている、シャンソンの名曲です。もしも、あなたに会えなかったら、私は疲れ果てて死んでいた、あなたに逢えたから、私は生きている……。相手への思いを切々と歌い上げる、喜びの恋の歌ですね。

男女関係に限らず、ある人との出逢いにより、人生が変わる、人生が豊かになる、ということはあります。これまでの歳月を振り返ってみてください。きっとだれもが、多かれ少なかれ、そういう人とどこかで出逢っているのではないでしょうか。人はひとりでは生きられません。どんなに順調な人生でもつまずくことはあります。あるいは表面的にうまくいっているようにみえても、人知れず心には苦悩を抱えていることもあるでしょう。そんなとき、人はどう切り抜けていくかといえば、もちろん自分の努力もあるけれど、だれかと出逢い、だれかに助けてもらって、長いトンネルを抜け出せることが多いのではないか、と私は思っています。

私にも何人か、人生の恩人といえる人がいます。

そのひとり、大恩人が、福澤初子さん。「おばあちゃま」と呼ばせていただいています。70歳から93歳まで親しいお付き合いが続きました。いま、お歳は98歳。ご高齢なので、最近はお会いすることができないのですが、年賀状、コンサートのお知らせ、CDを発売したときには必ずお手紙を添えてCDを送らせてもらっています。

## 下積み時代

スナック長良を売り払い、パリから戻った私は1987年11月、シャンソン歌手として、岐阜市文化センターでコンサートを開き、デビューしました。スナック長良時代のお客さんや「シャンソン・ド・ブーケ」の西山伊佐子先生や生徒さんの応援もあって、５００人もの観客を集めることができ、成功裡に終わることができました。

しかし、それはシャンソン歌手としてデビューできた、というだけであって、まだ始まりにすぎません。歌でどうやって生計を立てていくか、それを考えなければなりませんでした。

知人の紹介で、名古屋錦のネオン街にある「モンデュー」という店で毎週月曜日に出演できることになりました。モンデューはエディット・ピアフの歌のタイトルで、「私の神様」という意味です。その店に、１９８７年から4年間出演していました。

1日3回ステージ。曲数は24曲ほどでショーの終わりが岐阜への終電ギリギリ。ショーがハネると同時に、私は衣装を着たまま、厚化粧したまま地下鉄「東山線」に飛び乗りました。ギャラが1万円だったので、タクシーも使えないし、ホテルにも泊まれなかったのです。

いっしょにステージにあがっていたのは、いまはすっかり有名になったジャ

1988年からはあちこちのホテルでディナーショーもスタートした

ズ歌手のケイコ・リーで、私のピアニストをつとめてくれていました。

ギャラが安いとはいえ、週1回のステージを確保できたことは幸先のよいスタートでした。ただ、駆けだしで無名のシャンソン歌手のライブを見よう、というお客は、はっきりいってよほどシャンソンが好きか、物好きか……。最初のころは満席になることはほとんどなく、半分入ればいいところ、日によっては10人以下のときもありました。いちばん少なかったのはふたりだったでしょうか。それまでも何度か見に来てくれていた店の近くにある花屋のおばさんと、もうひとりは顔を見たことのない、おそらく初めて来たと思われるおじさま。ところが、花屋が忙しいというので、おばさんを夫が迎えにきて、お客は見知らぬおじさんたったひとりになってしまいました。

さあ、たいへん。歌っているときはまだ場がもつのです。お客、歌手ともに居心地が悪くなるのが、歌の合間のトークです。そのおじさんひとりに向かって、いつものようにジョークを交えながらあれこれ話していたのですが、おじさんがトークの最中にふっとたちあがって、トイレに行ってしまいました。

さて、どうしたものか。誰もいなくなった観客席に向かって話してもしかたがないし、おじさん、早く戻ってこないかしらと、トイレのほうをふと見たら、おじさんがトイレのドアのすきまからじっとこちらを見ていたのです。

私は思わず

「はやく出ていらっしゃいよ〜！」

と、声をかけてしまいました。

そうしたら、おじさんはトイレから出てきて、私に向かって一礼して申し訳なさそうにすごすごと帰ってしまいました。

デビューして５年目頃、名古屋のあるイベントのゲスト出演で

取り残された私は茫然。客がいないのですから歌ってもしかたがない。予定より早く切り上げて、その日は店をあとにしました。そのときに下積みのつらさをしみじみ感じました。と同時に、いい気になってはいけないなとあらためて思ったのでした。

モンデューで忘れられない思い出がもう一つあります。お客様の中に韓国と日本で貿易をしている方がいて、その方が韓国でコンサートをやらないかと誘ってくださったのです。

私はその話に飛びつきました。自分のルーツである国で歌を歌うことができる！　さっそく日本から30名のファンを引き連れ、ソウルに向かいました。会場はソウルスイスグランドホテル。韓国のお客様70名と合わせ総勢100名のコンサートをすることができました。

そのときはフランス語と韓国語で歌いました。当時、日本語の歌は禁止されていたのです。いまとなっては懐かしい思い出です。

## モンデュー
## ＝私の神様

おばあちゃまに会ったのはそのころです。

私のこころの母、カンツォーネ歌手の水野喜久さんに誘われて、名古屋で開かれたある昼食会に出席した日のことです。昼食の後、講演があって、ゆったりした午後のひととき、私の左隣に水野さん、そして右隣におばあちゃまが座っていました。

きれいにお化粧をした上品なおばあちゃま、お疲れだったのか、ウトウトと話を聞きながら眠っていました。可愛いおばあちゃまだなと印象に残りました。

講演会が終わり、エレベーターの前に行くと、あのおばあちゃまが立っていました。二人きりでエレベーターに乗ると、おばあちゃまはキーの高い可愛い声で「あなた様はどういう方なんですか？」と私の顔を下からじっと見つめました。なんとも優しい瞳でした。男の私が昼間から薄化粧をして女性たちに囲まれ食事をしている姿は、おばあちゃまには物珍しかったのかもしれません。

「私はね、歌を歌っています。シャンソンを歌っているんですよ」

「シャンソン？　そうでございますか。おきれいですね」

（まあ、正直なおばあちゃまだわ）と思いながら、

「おばあちゃまこそ、きれいですよ」

そう言うと、おばあちゃまは手を口に当てて嬉しそうに笑われました。

「どうしたら、あなた様の歌が聴けます？」

「あっ、今度、今池のガスホールで、名古屋で初めてコンサートをやるんですよ」

私は急いでチラシとチケットを手渡しました。

「お金、払います！」

「いいわよ、おばあちゃま！　とにかく来てくださいね」

「私は今池に住んでいますの。絶対行きますから！」

おばあちゃまの手を引いて私は大通りに出て、タクシーを拾いおばあちゃまを乗せました。タクシーの中からいつまでも私に手をふってくれたおばあちゃまの姿を見て心に灯がともりました。

これが私たちの運命の出会いです。

前世の家族。1989 年頃、名古屋のコンサート終了後の打ち上げで。
左から水野喜久さん、あばあちゃま、私

それからほどなく、おばあちゃまがモンデューに聴きに来るようになりました。毎週月曜日に必ず店にやってきて、同じ席にちょこんとすわり、笑みをたたえながら私の歌を聴いてくれました。

ショーの後は二人でごはんを食べて、二人でタクシーに乗って、今池にあるおばあちゃまが経営するアパートに帰ります。おばあちゃまはそのアパートの近くにある豪邸に住んでいました。

朝になると、おばあちゃまは毎週月曜日のライブのとき無料で住ませてくれたアパートの部屋のドアをノックし、「おはようございます」と私に声をかけます。

おばあちゃまの声で私は起きて、二人で近くのカフェでブランチを食べる。ときには、御園座に芝居を見に行ったり、ゲイバーに行ったり、ホストクラブに行ったこともあります。おばあちゃんはだれにでも優しく、いつも楽しそうでした。

そして私と遊んだあと、おばあちゃまはタクシーで、岐阜へ帰る私を名古屋駅まで送ってくれました。

まるで毎週月曜日は二人のデートのようでした。他人からは、親子ほど歳の離れた、女装の男と上品そうなおばあさんとの組み合わせは、不思議な間柄に見えたことでしょう。

こんなふうに親切にされたのは生まれて初めての経験でした。

## 無償の愛に支えられて

でも、おばあちゃまの親切はこれだけにとどまらなかったのです。

歌の仕事だけでは食べていけなかった私はシャンソン教室を開くことに決めました。すると、おばあちゃまがグランドピアノをプレゼントしてくれたのです。小切手を私にそっと渡し、「これでグランドピアノを買いなさい」って。

もうびっくり！

おばあちゃまにプレゼントされたグランドピアノのある私のサロン「シャンソン古城里」にて。絵は石原アツミさんの作品

やはりグランドピアノは存在感が違います。ここなら本格的にシャンソンを学べそうだ、と生徒さんたちが思ってくれるような風格が備わりました。

教室の名前は「シャンソン古城里《こじょり》」。父母の生誕地、済州島古城里が由来です。ところが、生徒を募集したら最初はたった一人の応募しかありませんでした。まあ、そんなものでしょう、と、めげずに続けました。

やがて私自身の歌の仕事が忙しくなり、新聞、ラジオの取材などを受けて地元で名前が知られてくると、生徒数は増えていきました。5年後には、自宅と教室、事務所を別々にして、現在の岐阜中央郵便局前に教室とライブもできる「古城里」をつくることができました。

現在、教室の運営はピアニストの葵游香さんにまかせています。生徒数は多いときで40数名で、平均すると20名くらい。私もたまに教えたり、ライブをしたりしています。

じつは私のマネージャー、酒向公子さんはシャンソン教室の生徒さんでした。定年を迎えて、私のマネージャーになってくれたのです。もう80歳ですが、お金のこともふくめて、面倒くさい何もかもを引き受けてやってくれています。

この酒向さんも私にはとても大事な人です。こういう女性たちに私は支えられて生きています。

おばあちゃまもそうだし、酒向さんもそうだけれど、親戚でも家族でもない、アカの他人がここまでしてくれる。山ちゃん、沢くんもデビュー以来ずっとスタッフです。それは私にとって大きな励みであり、自信となりました。

とくにおばあちゃまは、私が下積みの苦しいときに無償の愛を注いでくれました。おばあちゃまには息子さんも娘さんもいて、親子関係もよく、私とのデートのときは息子さんや娘さんが待ち合わせ場所まで送ってきました。つまり、私との逢瀬は家族公認。息子さんも娘さんも喜んでくれていました。

おばあちゃまがいったい私のなにを気にいってくれたのか、それはわかりませんが、おばあちゃまは私といると楽しそうでしたし、私もうれしかったのです。ファンと歌手、という距離を置いたつきあいではなく、それこそ家族か恋人のように心を通わせました。

おばあちゃまと出逢ってからというもの、不思議なことに歌手の仕事がどんどん増え、あちらこちらから声がかかるようになりました。ライブハウスやシャンソンクラブだけでなく、人権コンサートや男女共同参画のセミナー、部落解放同盟の集会などにも出演しています。在日コリアンであり、ゲイであることを包み隠さずお話しし、自分自身の体験から差別の問題についても語るようになったから、そのような場にも呼ばれるようになったのでしょう。そういう機会に恵まれたことによって、私自身もよりいっそう問題意識をもつようになりました。

堂々と生きていれば、応援してくれる人がいる。私が有名でもないのに歌手として食べてこられたのは、私のそういう姿勢に共感してくれる方がいたからだと思います。

＊「もしもあなたに逢えずにいたら」の歌詞は著作権の関係で掲載できません。

# 6

# 人生に乾杯

恒例のコンサートを見たファンから
送られてきた衣装を着けた私の絵

## 一生の不覚

私は、「人生に乾杯」を歌いながら、これは人生の応援歌だ、と感じていました。これから何があるかわからない。歓びもあれば涙もある。でもそれらはすべて私の人生の出来事。すべてを受け入れ、明るく生きようと。

でも、歌では歌っても、口に出して「人生に乾杯」と言ったことは今までに一度もありませんでした。「人生に乾杯」と言いながら、だれかとグラスを合わせるなんて、映画のなかの1シーンにすぎないと思っていたのです。

それなのにまさか自分が、人生のどん底で「人生に乾杯」とつぶやくとは……。

第4章で、福島の会津でいまもなお仮設住宅に住む方々の前でミニコンサートをやらせていただいたお話をしました。

「いまを生きよう」

そんな決意をしたにもかかわらず、私は一生の不覚というべき失敗をしてしまいました。お恥ずかしい話なのですが、思い切って告白します。

じつは、福島で留置場に入れられてしまったのです。9月7日の朝のことです。

9月6日、コンサートが終わって、生協の方たちが会津の蔵元に案内してくださり、その後、懇親をかねて奥座敷のあるすてきな料理屋さんで夕御飯をごいっしょしました。さらにホテルのバーで、深夜2時ごろまで陽気に飲み、そのあと部屋に戻りました。

そのままベッドにもぐりこみ、眠りました。ここまではよかったのです。けれど、かなり飲んでいたので朝早くに目が覚めてしまい、7時には朝食を食べるためにホテルのレストランに向かいました。ところが、レストランは予想を超えて混雑していて、しばらく待たないと席がないとのこと。せっかくの朝ごはん、きちんと食べたいと思っておとなしく並んでいたのですが、急に気が変わって、ホテルのロビーを出てタクシーに乗り込みました。

「いま飲めるお店ないかしら？　どこかあいているところにつれていって」

運転手さんにそうお願いしました。

朝から飲むなんて……。じつは私はまだかなり酔っていたのです。

運転手さんが連れていってくれた店はボーイズバーでした。

扉をあけると、男の子がふたり近寄ってきて、その子たちの案内で店の奥に入りました。すると、左側の大きなボックスに先客がいました。女性と男性たちのグループです。楽しそうに飲んでいました。

私はソファにすわって、ふと左側のボックスを向くと、ノースリーブを着ていた女の子の白い腕に刺青がみえました。

私は軽く挨拶のつもりで、

「まあ、きれいなもんもんね」

と、声をかけました。もんもんとは刺青のことです。

決して悪気はなく、楽しそうに飲んでいたので私も仲間にいれてほしい、とそんな気持ちで発した言葉でした。

ところが、相手はそうはとりませんでした。

「はあ？　あんた、なによ？」

と、すごまれたような気がします。

私もむっとして、

「あんたこそなによ！」

と、切り返したことは覚えています。

それでどうやら、ふたりとも立ちあがり、つかみあいのケンカになったようです。

詳細は覚えていないのですが、あとから取り調べの刑事に聞いたところによると……。

「警察を呼ぶ！」と彼女が言って、私は私で「ああ、呼びなさいよ！」と大人げなく切り返し、警察官がやってきたあとも、相手は「訴える！」と言いはり、私は「どうぞ、訴えなさいよ！」と叫び、警察官に「謝ったらどうか」と諭された私は、なかば開き直って「あら悪かったわね、私が悪いのよ。もう許しなさいよ」とまったく悪びれずに言い放ち、彼女は私のその態度にますます怒って「許さない！　訴える」となって、私はパトカーに乗せられ、警察に連れていかれて取り調べを受けた、ということでした。

警察に着いた私はまだ事態を正確に把握できておらず、警察官の質問に、「私は在日コリアンで、歌手です、身内はいません、天涯孤独です。岐阜に住んでいます！」と、ショーのおしゃべりの延長のような調子で答えました。

このときはまだ帰れると思っていました。

以前、大阪の釜が崎で労働者たちを支援しているNPOに呼ばれてコンサートをしたあと、おっちゃんたちと路上で酔い潰れて、難波南警察署の留置場に入れられたことがありました。覚せい剤をやっているのではないか、という嫌疑をかけられての収容だったのですが、あっさりその疑いは晴れて、飲みすぎるんじゃないぞ、と注意され翌朝には釈放されました。そのときと同じだろうと思っていたのです。

## 逮捕、そして10日間の拘留

ところがぜんぜん帰してくれる様子がない。

取り調べ中、睡眠不足のせいでひどく眠くなってしまい、いすからころげおちそうになりました。たまらず、警察官に「私、若く見えるけれど、還暦をすぎているのよ。寝かしてちょうだい」と訴えました。すると、「そんなことわかっている！　だめだ、まだ取り調べ中だ！」と怒鳴られました。

そして、あれこれ聞かれ、最後に「もう一回謝るか」と諭されました。「もちろん、謝ります」と言ったのが9月7日の夕方。

しかし、彼女は訴えを取り下げませんでした。

私はこの時点で被疑者となりました。つまり逮捕されたのです。

取り調べは深夜まで続き、ようやく床に横になることが許され少し眠ると、朝になっていました。逮捕から48時間以内に検察官に身柄を送致しなければならない決まりがあるそうで、8日の午後、検察官のもとに連れていかれました。

そのとき、手錠をはめられました。血の気がさーっと引き、ようやく事態の深刻さに気づいたのです。あんな小さないざこざ（と私は思っていたのです）

で、まさか逮捕されるとは！　「なんで手錠をかけるんですか？」と聞くと、「あんたには逃亡のおそれがあるから」と警察官。「いったい私はどうなるのですか？」と聞いても「そんなのわからん」とぶっきらぼうに答えるだけ。

そのあと、福島地方裁判所に行きました。検察官が、逃亡や証拠隠滅のおそれがあるので引き続き身体拘束する必要があると判断すると、裁判官に引き続き身体を拘束するよう請求するのだそうで、そのために私は裁判所に行かされたのです。裁判官は被疑者の言い分を聞いたうえで、被疑者の身体を拘束するかどうか決めるということになっています。

その裁判官は、私がこれまで出会った人のなかでいちばん威圧的な人でした。白髪まじりの50代くらいの男性で、その目のするどいことといったら。思い出すだけでも身がすくみます。

手錠をはずされ、私は裁判官から「保証人はいないのか」と質問されました。「ええ、だれもいません。それははっきりしています。私は風来坊の歌う寅さんですから」

と、こわい裁判官だと思いながらも、いつもの調子で言ってしまいました。相手はニコリともしません。しらーっとした空気が流れ、私はじっとりといやな汗をかきました。ここではそんな言い分は通用しないのだ、と思い知りました。

結論はあっけなく出されました。

「10日間の拘留決定！　君には逃亡のおそれがある。弁護士を呼びたかったらいますぐ連絡をとりなさい。10日間拘留して取り調べして、延長の必要があると判断されれば、さらに10日間拘留されます」

容疑は「暴行」。暴行傷害まではいかなかったのです。

もう一度手錠をはめられ、護送車に乗って拘置所に向かいました。行き先はどこですよ、なんて教えてくれません。いったいどこに連れていかれるのだろう。重苦しい空気のなか、車窓から見える町の景色を不安と後悔の入り混じった気持ちで眺めていました。

## 拘置所での生活

拘置所に入ったのは生まれてはじめてです。まず全裸になって身体検査されました。屈辱的でした。持ち物はすべて没収されます（あとから返してくれますが）。与えられたパンツとトレーナーに着替えて、刑務官に連れられ、まるで迷路のような建物のなかを歩いて、私の舎房にたどりつきました。個室、つまり独居房でした。

拘置所のなかでは番号で呼ばれます。私は46番でした。

8日の夜、私は絶望の淵にいました。自分で自分が心底いやになりました。後悔してもしきれません。からだが鉛のように重いのによく眠れず、ふとんのなかでもんもんとしていました。

朝7時。クラシック音楽が流れて起床の時間を知らせます。ふとんを片付け、洗面し、7時半になると食事。

「46番さん、お水とお湯、どちらがいいですか」と刑務官が食器口をあけて声をかけます。

「お水ください」

お水とともに朝食が差し出されます。コンビニで売っている小さな弁当が朝食でした。さすがに9日の朝はほとんど食べられませんでした。

そうこうしているうちに8時になりました。そのあとなにもやることがありません。すると、刑務官が

「46番さん、新聞を読みますか、本を読みますか」

と、声をかけてきました。

でも、3日間くらいはなにも読む気がせず、「けっこうです」と断っていました。

12時にお昼、そして夕食は7時。消灯は9時。ああ、なんて一日が長い！

ふと、自分はいったいこれからどうなるんだろう、と不安がよぎります。私がいちばん心配したのは、9月末に入っていた平和コンサートの仕事のことでした。それに穴をあけるわけにはどうしてもいかない。もし10日間延長されてしまったらどうなるんだろう。人生の失敗の数々をショーのネタにしてきたけれ

ど、こんなことネタにもならないわ……。ああ、なんて私はばかなんだろう。

さすがに4日目になると、拘留ショックが少しやわらいできて、本を読む気になりました。仕事のことは心配だったけれども、あまりに時間がありすぎ、本を読むくらいしないと退屈でしかたがなかったのです。

読みたい本は読書リストから選べるようになっていました。西村京太郎とか赤川次郎とか内田康夫など、ぜんぶがぜんぶ警察を舞台としたミステリーでした。私は片っ端からリクエストして読みました。おかげで、このジャンルの小説に少しだけ詳しくなりました。

ところで、拘置所に入って2日目、拘置所のS刑事の取り調べを受けました。このSさんがとても感じのいい人で、私を哲さんと呼んでくれました。

「身内であっても訴えられると暴行容疑で捕まります。起訴が続いているので拘留されていますが、ぼくが一から調べます」

と、説明してくれて、私に事件当日のことを最初から聞いてくれました。

うれしかったのは、「哲さん、歌手なんですよね。知らなかったですが、ネットで聴きました」と言ってくれたことです。「どう思いました？」と聞くと、にっこり笑って「とてもすてきです」。

4日目から本を読めるようになったのは、真新しい薬指の結婚リングをはめた、素朴なS刑事に会って、少し安心したからかもしれません。

## それでも人生は美しい

拘留から4日目、9月12日。じつはその日は私の63回目の誕生日でした。朝6時ごろに目が覚め、ふとんのなかであれこれと考えました。

まさか拘置所で誕生日を迎えるなんて、夢にも思っていなかったなあ。もし拘置所にいなかったら、きっとだれかとシャンパンで乾杯したり、ごちそうを食べたりしてお祝いするのになあ。おばあちゃまはどうしているかしら？

そういえば、会津でコンサートをした6日の夜はすてきな料理屋さんで、みなさんが少し早い誕生日祝いをしてくれたなあ。ラウンドケーキに立てたろうそくの火をふーっと消して、拍手で盛り上がったなあ。

なのに、いまは拘置所。まるで天国と地獄。自業自得だけど……。

「46番さん、お水ですかお湯ですか?」

ふとんを片付け終わった私に刑務官が声をかけます。

「はい、お水をください」

46番とついた紙コップをシャンパングラスのように顔の前にあげ、私はひとりお祝いをしました。

「人生に乾杯!」

そう声に出しました。まるで喜劇のように。それでも人生は美しいんだ……。そういう気持ちをこめて。

12日からは軽い運動やストレッチも始めました。拘置所のなかには運動場、といっても細長く狭い部屋なのですが、1日30分そこで運動することが許可されていました。

と同時に、歌の練習も始めました。2重扉になっていたのでそれほど大きな声でなければ歌っても外には聞こえないと思ったのです。たぶん聞こえていなかったはずです。曲名はリベルタンゴ。11月に27年連続の岐阜のコンサートで歌う予定にしていたピアソラの曲です。

## 自由のありがたさ

そんなふうにつとめて明るく前向きに過ごそうとしていましたが、「もしあと10日拘留すると言われたらどうしよう」という不安がつねに頭から離れませんでした。

18日、拘留から10日目の朝、取調室に入りました。待っていたのはS刑事です。その日、拘留が延長になるかならないかの判断が下されることになっていたのです。あと10日、もしそうなったらどうしよう……。こわくて仕方がありません。

取調室のドアがあき、S刑事の顔を見た瞬間、私はだいじょうぶだ、と確信しました。S刑事が私を見て、にっこりとほほ笑んだからです。

「哲さん、処分保留、不起訴になりました。もう終わりですよ」

わ〜、うれしい。よかった。ありがとうございます、ほんとうにありがとうございます！

そう何度もお辞儀をして、お礼を言いました。

早く岐阜に帰ろう。

マネージャーの酒向さんには用事ができて岐阜を離れられないからよろしく、と手紙を出してありました。まさか拘置所に入れられているとは思っていませんから、本当のことを話したら驚くだろうけれど、それは帰ってから……。

ともかく、その前に、おいしいものを食べよう。

会津若松駅近くのホテルに行き、かつお定食とケーキセットを食べました。

ひさしぶりの娑婆の食事のおいしかったことといったらありません。食事ってこんなにおいしいものか、自由ってこんなにすばらしいものか。しみじみとそのありがたさをかみしめました。

帰りの電車から見た会津磐梯山の美しさも忘れられません。

「会津磐梯山は宝の山よ〜」

多くの人に親しまれている福島県民謡のメロディーが頭のなかにふと流れて

どんな人生を歩もうと「人生に乾杯！」

きました。

ほんまにそうやなあ、私はこの福島で宝をもらったなあ。

食べることを控えると、食事がものすごくおいしくなるということ。

規則正しい生活と軽いストレッチがからだの調子をよくするということ。

拘置所で身についた規則正しい生活をこれから習慣にしよう。なにより長く歌っていくためには健康が大事だもの。

拘留されたときにはあんなに落ち込んでいたのに、晴れて解放され、私は今回の経験を前向きにとらえようと思いなおしていました。

あったことはあったこと。私にとっては有

意義な時間だった。

「なんでも芸のコヤシにしなければだめよ」と、以前コンサートをご一緒した淡谷のり子先生もおっしゃっていたではないか。この経験もきっと私のコヤシになる……。

今でも規則正しい生活は続けています。お酒も控えています。

「酒と女は二ごうまで」。だれに教えてもらったのか忘れてしまいましたが、この事件を起こしてから、この言葉を肝に銘じています。お酒も女性との付き合いもほどほどが人生を楽しむコツ、という教訓です。言い得て妙だなと思います。「女は二号まで」というのは女性にとっては失礼な話ですし、同性愛の私には関係のないことですけれど……。ただ、ときおり泥酔してしまいます。酔いどれて壊れてゆくのは恐怖です。しかし、その最中では快感なのです。だから飲み過ぎてしまうのですが、でも徐々になおしていきます。

＊「人生に乾杯」の歌詞は著作権の関係で掲載できません。

# 7

# 私のパリ

1999年、ポンヌフで。後ろに見えるのはノートルダム寺院

# 初めてのパリで

「私のパリ」はフランスの歌手でもあり作曲家でもある、ジルベール・ベコーの歌です。日本では古賀力さんの訳詞で親しまれています。

「暮らしに追われてしおれた心に新しい風を入れよう」
「いつかまたきっとパリへ行こうよ　夢をくれたパリに　パリに　パリに
……」

この歌詞は私の気持ちそのものです。
パリは私に夢をくれた街。元気をくれる街。
パリにはおおよそ4年ごとに出かけています。これまで7回行きましたが、行くたびに違う発見があって、パリの奥深さに魅了され続けています。

すでにお話ししましたが、スナック長良を売って、50万円を握りしめて初めてパリに行ったのが1987年1月。初めてパリを訪れたとき、まず向かったのはモンマルトルの丘でした。

モンマルトルはパリで一番高い丘で、言わずと知れた観光名所です。サクレ・クール寺院、テルトル広場、キャバレー「ムーラン・ルージュ」、モンマルトル墓地などがあります。でも、私がまずモンマルトルへ、と思ったのは観光名所だからではなく、シャルル・アズナブールの「ラ・ボエーム（La bohème）』という曲が好きだったから。これはアズナブールの若いころの思い出を歌ったとされる曲で、20歳の若い芸術家とそのモデルの女の子の恋を描いています。やがて恋は終わり、歳を重ねた主人公がひさしぶりにモンマルトルを訪ねてみると、モンマルトルはすっかり昔の面影をなくしてしまっていた……というセンチメンタルな内容です。

ラ・ボエームはボヘミアンという意味です。フランスではいわゆるジプシー

（最近ではロマというそうです）の多くがチェコのボヘミア地方からやってきたために「ボヘミアン（フランス語の発音だとボエミアン）」と呼ばれており、そこから転じてボエミアン＝流浪の人＝自由奔放に暮らす人、といった意味で使われているのだとか。アズナブールはそんな自由な芸術家たちの街だったモンマルトルをこよなく愛し、惜別の思いをこめてこの歌を歌ったのでしょう。

ラ・ボエームを心の中で口ずさみながら、私は階段をのぼってパリの街が一望できるサクレ・クール寺院へ向かいました。寺院前には真冬だというのに大勢の大道芸人たちがいて、観光客の前でパフォーマンスを披露していました。寺院の西側の広場には画家たちがいっぱい。かれらも思い思いに自分たちの作品を展示しています。ああ、やはり芸術の都だ、アズナブールのようなパリっ子からみたらモンマルトルにはかつての面影はないということなのかもしれないけれど、私にとって初めてのモンマルトルはじゅうぶんに芸術的で、自由の薫りのする街でした。

そのあと、ムーラン・ルージュでショーを見て、ピギャールという名の歓楽

大好きなモンマルトルの丘のサクレ・クール寺院で
パリの街を見下ろしながら

街で酒を飲み、ホテルに戻ってまたバーで水割りを一杯、二杯……。そのバーには日本人は誰ひとりおらず、少し心細かったけれど、窓から見えるパリの夜景が素晴らしくて夢のようでした。

その後も、ルーブル美術館、凱旋門、シャンゼリゼ通り、モンパルナスなどパリの観光地をあれこれ訪ね、あっという間に帰国する日がやってきました。今度パリへ来る時は、シャンソン歌手としてこよう！　素敵な恋人と腕を組んでセーヌ河畔を歩こう。そんな夢をみながら、初めてのパリをあとにしました。

## 本場のパリで歌えた幸運

2回目にパリに行ったのは1993年11月。6年前に心の中で宣言したとおり、シャンソン歌手になってパリの土を踏むことができました。残念ながら恋人は一緒ではありませんでしたが。でも、こんどはひとりぼっちではなく、25人ものファンとお弟子さんといっしょの旅となりました。

しかも、パリの「パピオン・ヌウイ」（夜の蝶）というレストランで、パリ市民25名を加えた50名くらいのお客様でディナーショーをすることになってい

サン・ジェルマン・デ・プレ教会の前でアコーディオン弾きと。思わず彼の伴奏で「サンジャンの私の恋人」を歌った

たのです。東京で開かれたパリ祭で知り合った、アコーディオニストのパトリック・ヌジェさんに誘われて実現したものでした。歌手になってわずか6年で、本場でショーができるなんて、なんという幸運でしょう！

そのあと、2002年4月にも、ヌジェさんに誘われ、「ル・コネターブル」というお店でショーをすることができました。第二次世界大戦中、ナチスの占領下に地下壕を掘って、そこでライブコンサートをやっていたそうで、そのような場所で歌うことができたのは本当に幸運だなと思いました。

じつはそれ以外にもう1回、パリで歌ったことがあります。

お客として、「ラパン・アジル」というシャンソンの店に入ったときのこと。偶然にも、以前に大阪で呼ばれて歌ったことがある会社の女性グループのお客さんに遭遇しました。

「こんなところで会うなんて！」とおたがいに喜び合い、ステージを楽しんでいたのですが、彼女たちが私にも、「歌って！」と言い出したのです。

「楽譜もなにも持っていないから無理よ」と、さすがの私もためらいました。でも、その店のピアニストが、私たちの様子を見ていて、「ウィ！」と微笑んでくれたのです。

その笑顔を見たら、その気になって、「そう、じゃあ、スル・シエル・ド・パリ（パリの空の下）をEマイナーで」とお願いし、演奏が始まりました。

ちょっと緊張しましたけれど、歌い始めたら楽しくなりました。

その女性たちのグループはもちろん、ほかのお客さんたちも、日本からの観光客が意外とうまく歌っているじゃないか、と思ったかどうかわかりませんけれど、喜んでくれて、ステージと客席が一体となったような雰囲気に包まれな

モンマルトルの「ラパン・アジル」の夜

がら、私は歌い終わりました。

フランス人だったらこんなとき「トレビアン！」と言うのでしょうか。

あるいは「ブラボー！」かな。

いずれにせよ、思い出に残るすばらしい経験となりました。

## シャンソンの祭典をプロデュース

２０１７年にはデビュー30周年を迎えます。私にとっては節目の年です。そのときにはまたパリに行きたい。こんどはパリに暮らすようにもう少し長く滞在したい。そんな夢をもっています。

いちばんやってみたいのは、小さな映画館をはしごすること。パリには映画館がたくさんあって、新作のみならず、旧作も世界各国の映画もさまざまに上映されています。ことばがよくわからなくたっていいのです。パリの映画館で映画にひたる。そういう空間と時間が心を豊かにしてくれると、私は思っています。それも芸のコヤシなのです。

そのとき、私はなんと66歳！　人間ってあっという間に歳をとるものですね。

気持ちはまだ30代なのですが、肉体は死にむかって着実に老いています。

60歳をすぎてから、私は肉体の衰えとともに死を意識するようになりました。いずれ死の旅に出るのだ。そう感じるようになりました。

でもだからこそ、がんばれると思います。

どうせ死ぬんだから。そう思うと、がんばれる。

どうせ死ぬんだから、やりたいことをやらなきゃ！　新しいことはじめなきゃ！

そう、とことん前向きです。おかげさまで吉田幸生・音楽監督によるCDアルバム「月とバラを追いかけて」「涙のかわりに」も好評で売れています。ますます意欲的になっています。

そして、2014年から新たなる挑戦として「岐阜シャンソンの祭典」というイベントを始めました。私のブログには、以下のような告知を書きました。


真夏の季節…。フランスの8月はセ・シ・ボン！

日本の8月はオ・ボン！

私が心に温めていたコンサートがお盆の16日に実現する。

「岐阜・シャンソンの祭典」第1回目である。

入場料を¥3000とお値打ちでシャンソンを楽しめて、シャンソンをレッスンされている方々にも出演をして頂くコンサート。

バンドはカルテットで悠情楽団。ピアノは山下力哉さん。

ゲストは東京から渡辺歌子さん、愛知からは大島八重子さんと渡辺みかこさん、
そして6名のシャンソン古城里でレッスンを続ける歌手達。

今里哲はプロデュース・演出・司会・歌と4役にいどみます。

「平和への祈りをこめて」というサブタイトルをつけました。

世界も日本も戦争へ向かっている気がしてなりません。

ささやかですが、このコンサートで平和を叫び、歌いたいと皆でがんばります。

出演者および音響・照明「はぐるま」、そしてスタッフにいっぱいの御協力を頂き、この「岐阜シャンソンの祭典——平和への祈りをこめて」が毎年の行事となるよう続けてゆく所存です。

どうぞ皆さん16日のお盆はセ・シ・ボンなシャンソンを聞きに岐阜市文化センターにいらして下さい。そして共に平和について希求して行きましょう!!

このブログにあるように、さまざまな方々が協力してくれました。後援会長の村田守さん、応援団長の井上友子さん、チケットを売る人、スペース澄で衣装をつくる人、会場を手配する人……。たくさんの裏方さんがいてこそ、コンサートができる、いいものになる。プロデューサーとして、そのことをあらためて実感しました。

このコンサートを10年は続けていくつもりです。

## 伝えたいのは愛

パリの街にかぎらず、私はどこを旅しても、近所を歩いても、心の中に大好きなシャンソンのメロディーが流れています。たまに、美空ひばりさんの「津軽のふるさと」だったり、吉田拓郎さんの「落陽」だったり、カンツォーネも聴こえてきます。いずれにせよ、こころのなかに流れるメロディーに耳をすまし、こころのなかで一緒に歌うと、自然と元気が出てきます。

それは私が歌手だからなのかもしれません。

でも、歌に元気づけられたり、なぐさめられたりしたことはない、という人は少数派ではないでしょうか。だれでも何度かはそんな経験をしていると思いますし、だから私たちのような歌手が人々に求められ、生きていけるともいえます。

もちろん、音楽でなぐさめられないこともあります。音楽は決して万能ではありません。そういう限界を知ったうえで、歌手にできることってなんだろう、そんなふうに考えてきました。平和のコンサートや人権のコンサートに出演させてもらうのも、少しかっこよく言ってしまえば、自分なりに歌手としての使命を果たしたいという思いからです。

そしてもう1つ、歌うことで私が伝えたいのは、愛です。

愛とは、人を思いやる愛のことです。

その愛に近づいていくのが私たちの人生であり、そういう愛を学んでいくのが人生なのだと思うようになりました。

いろいろな方たちに支えてもらってここまでくることができた――私自身の人生から学んだことです。

飲み過ぎて、たくさんの人たちに迷惑をさんざんかけました。

それでも私を見はなさず、私を応援してくださった人たちに、あらためていま深い感謝の思いでいっぱいです。

これからは恩返しの人生です。

せいいっぱい心をこめて、私は歌い続けていきます。私の歌がみなさんの心に届くことを信じて。

＊　＊　＊

# 私のパリ

作詞：Louis Amade　作曲：Gilbert Bécaud　訳詞：古賀力

ちっちゃな頃から　夢にも見てたよ
あこがれの都　パリ
石だたみと　古い街並に　リラの花もにおう
セーヌの岸辺に寄りそう恋人
サクレクールの鐘の音《ね》
サンジェルマンデプレのカフェのテラスに
流れる時の楽しさ

シャンゼリゼ通りを歩いて行こうよ
口笛も軽やかに

暮らしに追われてしおれた心に新しい風を入れよう
バスチーユの広場に昔をしのべば
革命の夜明けも見える
グランブールヴァール通りの夜店も楽しい
こうしてパリの夜は続く

そして今私はもとの暮らしの中
パリをしのんでいる
いつかまたきっとパリへ行こうよ
夢をくれたパリに　パリに
パリに……

MON ARBRE
Words by Louis Amade
Music by Gilbert Bécaud

# 在日の吟遊詩人が紡ぐ愛の世界～ムスタキと今里哲を繋ぐもの

大阪市立大学大学院教授　朴《パク》　一《イル》

昔、ジョルジュ・ムスタキというフランスの歌手がいた。彼が歌って世界的にヒットした曲に「異国の人（Le Métèque）」という作品がある。１９６０年代の後半、パリ五月革命の余熱の中で、フランス社会でそれまでタブーであった「ユダヤ人（Juif）」という言葉を歌詞に入れ、「世の中からはみ出した者が抱く絶対自由主義」、「自分たちが他者と異なっていることへの誇り」を切々と歌い上げたこの曲は、在日という出自に悩んでいた10代の私の魂を揺さぶるものであった。

やがて、70年代半ばからジョルジュ・ムスタキ・ブームが日本にも訪れ、彼の曲をカバーする日本人歌手たちが現れるようになった。なかでも、ＴＢＳテレビ系列で１９７４年に『バラ色の人生』というドラマの主題歌になったムスタキの「私の孤独（Ma Solitude）」は、さとう宗幸、岸洋子など、多くの歌手に歌われた名曲中の名曲である。しかし、彼ら、彼女たちが歌う「私の孤独」は、歌はうまいが、残念ながらその歌詞の奥に秘められた魂の叫びが感じられなかった。

そしていつ頃か、この曲は並の歌手には歌えない、カバーしきれない曲かもしれないと思うようになっていた。しかし、ある日、友人から紹介されたアルバム『バラ色の旅芸人』におさめられた「私の孤独」は違っていた。今里哲という無名の歌手が歌う「私の孤独」は、明らかにいままで聞いてきた「私の孤独」とは違っていた。彼がたんたんと歌いあげるその曲には、ムスタキと同じ哀愁が漂っていた。私はそれから彼のアルバムを何度も繰り返し聴くようになった。

「私の孤独」には「私はけっして独りぼっちじゃない。なぜなら私の孤独と一緒だから」という歌詞がある。今里哲はこの歌詞を「もう一人じゃない。孤独と二人だから」と原文を少し変えた訳詞で歌っている。おそらく今里哲は、本書にも綴られた彼の壮絶な人生を振り返りながらこの曲を歌っていたに違いない。

ムスタキは、地中海に浮かぶギリシャの島、ケルキラ島出身の両親がエジプト亡命中に生まれたギリシャ系ユダヤ人である。17歳のとき、エジプトからフランスのパリに渡るが、さまざまな民族問題に直面する中で、自らを「地中海人」と見なすようになったという。ムスタキの歌にはこうした複雑な出自やキャリアーが秘められているが、今里哲の歌もまた韓国の悲劇の島・済州島をルーツにもつ在日コリアン2世と同性愛者という二重のマイノリティの十字架を背負っている。今里哲の歌に普通の日本人シンガーに見られない怒りや哀愁が漂っているのは、そのためであろう。

しかし、今里哲の歌には、ムスタキと同じように、怒りや悲しみを超えていこうとするエネルギーが感じられる。ムスタキが歌手として生涯追い求めたテーマは、「愛、旅、孤独、自由、闘い」であると言われているが、この5つのモチーフは本書を貫く今里哲の世界観と重なるものである。同性愛者にとっての禁断の愛とは何か。ブルージュ、ベネチア、パリ、済州島への自分捜しの旅。孤独との闘い。そして、ただひたすら自由を求めて生きる今里哲のその生のありように、私たちは涙するのである。

このCDブックは、そうした「バラ色の旅芸人」今里哲の人生の集大成を、文字と歌で記録したものである。本書の出版にあたり、多大な尽力を払われた明石書店の森本さん、いつも今里哲を励まし、本書の出版を願い続けた李節子教授の友情に感謝したい。一人でも多くの読者に今里哲の歌声が届きますように。

2015年4月

**著者紹介**

**今里　哲**（いまざと・てつ）

大阪市出身。横浜のコンピュータ会社を退職後、岐阜大学教育学部に入学。中退後スナックを経営、店を売ってパリへ。1987年岐阜市文化センターでデビューコンサート。以降、毎年連続でコンサートを開催。各地の人権と平和のコンサートや講演にも積極的に参加している。2007年、出身校の大阪府立成城高校の校歌を作詞。ＣＤアルバムに「月とバラを追いかけて」「涙のかわりに」がある。

JASRAC 出　1505368-501

**ブラボー！　歌うボヘミアン**
**――在日コリアン、ゲイのシャンソン歌手・今里哲の歌物語**

2015年５月27日　初版第１刷発行

著　者　今　里　　哲
発行者　石　井　昭　男
発行所　株式会社　明石書店
〒101-0021　東京都千代田区外神田 6-9-5
電　話　03（5818）1171
ＦＡＸ　03（5818）1174
振　替　00100-7-24505
http://www.akashi.co.jp
装　幀　明石書店デザイン室
印刷・製本　モリモト印刷株式会社

（定価はカバーに表示してあります）　ISBN978-4-7503-4195-8

# 在日コリアン辞典

国際高麗学会日本支部『在日コリアン辞典』編集委員会【編】
朴 一（大阪市立大学大学院経済学研究科教授）【編集委員会代表】

本書は、在日コリアンの歴史、政治と経済、社会と文化などについて、できるだけ客観的な情報を提供し、日本人の最も身近な隣人である在日コリアンについて理解を深めてもらいたいという目的で編集されたものである。またこの辞典には、在日コリアン100年の歩みを、ジャンルを超え、網羅的に記録しておきたいという思いが込められている。韓国併合100年を迎え、改めて日韓・日朝関係を再検証してみる必要性が問われているが、この辞典は日本と朝鮮半島の狭間で生きてきた在日コリアンの歩みから、日韓・日朝関係の100年を検証する試みでもある。
（本書「はじめに」より抜粋）

◈ 定価:本体3,800円+税

◈ 体裁:四六判／上製／456頁

ISBN978-4-7503-3300-7

アリラン／慰安婦問題／猪飼野／大山倍達／過去の清算／「韓国併合」条約／金日成／キムチ／金大中事件／強制連行と在日コリアン／金嬉老事件／嫌韓流／皇民化政策／在日コリアンの職業／サッカー・ワールドカップ日韓共催／参政権獲得運動／指紋押捺拒否運動／創氏改名／宋神道／孫正義／第三国人／済州島四・三事件／チマ・チョゴリ引き裂き事件／朝鮮人被爆者／日朝平壌宣言／日本人拉致問題／『パッチギ!』／張本勲／阪神教育闘争／ホルモン論争／松田優作／万景峰号／民族学校／村山談話／よど号ハイジャック事件／ワンコリア・フェスティバルほか歴史、政治、経済、社会、文化等ジャンルを超えて網羅、100名を超える執筆陣による、全850項目!

〈価格は本体価格です〉